[美]
斯科特·D. 安东尼
Scott D. Anthony

[英]
保罗·科班
Paul Cobban

[加]
娜塔莉·潘绍
Natalie Painchaud

[英]
安迪·帕克
Andy Parker
●
著

严煦●译

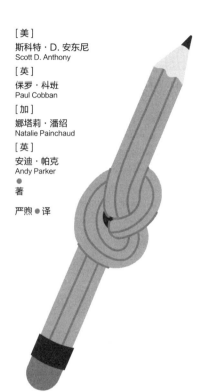

身边的创新

让创新
像吃饭、睡觉
一样简单

EAT, SLEEP,
INNOVATE

How to Make Creativity an
Everyday Habit
Inside Your Organization

机械工业出版社
CHINA MACHINE PRESS

图书在版编目（CIP）数据

身边的创新：让创新像吃饭、睡觉一样简单 /（美）斯科特·D. 安东尼（Scott D. Anthony）等著；严煦译 . —北京：机械工业出版社，2023.8

书名原文：Eat, Sleep, Innovate: How to Make Creativity an Everyday Habit Inside Your Organization

ISBN 978-7-111-73732-2

I. ①身… II. ①斯… ②严… III. ①企业创新 – 研究 IV. ① F273.1

中国国家版本馆 CIP 数据核字（2023）第 159054 号

机械工业出版社（北京市百万庄大街 22 号　邮政编码 100037）

策划编辑：许若茜　　　　　　　　　责任编辑：华　蕾　　王　芳
责任校对：王荣庆　　贾立萍　　陈立辉　　责任印制：郜　敏
三河市宏达印刷有限公司印刷
2023 年 11 月第 1 版第 1 次印刷
170mm×230mm · 14 印张 · 1 插页 · 185 千字
标准书号：ISBN 978-7-111-73732-2
定价：79.00 元

电话服务　　　　　　　　网络服务
客服电话：010-88361066　机　工　官　网：www.cmpbook.com
　　　　　010-88379833　机　工　官　博：weibo.com/cmp1952
　　　　　010-68326294　金　书　网：www.golden-book.com
封底无防伪标均为盗版　机工教育服务网：www.cmpedu.com

普通公司也能成为创新的"发电站"吗？当然！这本书不仅给出了一个响亮的回答，而且告诉了你具体该怎么做。这本书的作者是一群经验丰富的从业者，用新颖的思维和幽默的笔触，为读者带来实际的建议。这是一本"让创新成为组织日常习惯"的指南，其价值难以估量。

——托马斯·W. 韦德尔斯堡（Thomas Wedell Wedellsborg），
《你的问题是什么》（*What's Your Problem?*）的作者，《创新如常》
（*Innovate as Usual*）的合著者

你已经进行了很多次"创新表演"，用废的便笺纸就是证明。但你是否还在为自己的创新想法未见天日而感到沮丧？斯科特·D. 安东尼和他的同事们的这本精彩绝伦的新书，也许正是你重塑日常行为所需要的，因为日常行为往往是创新最主要的隐性障碍。这本书很实用，你可以读到很多来自企业和非营利组织的有趣案例。最重要的是，这本书很好读，也很好玩！它值得在拥挤的书架上拥有一席之地。

——丽塔·G. 麦格拉思（Rita Gunther McGrath），哥伦比亚商学院教授，
《拐点》（*Seeing Around Corners*）的作者

当下，世界比以往任何时候都更需要创新。本书将行为科学、创新实践和

生动具体的案例研究有效地结合在一起，成为一本奇妙而实用的指南，帮助你打破创新的障碍，建立起仪式、习惯和文化，让创新每天都能蓬勃发展。

——维贾伊·戈文达拉扬（Vijay Govindarajan），达特茅斯学院塔克商学院考克斯杰出教授[⊖]，《纽约时报》和《华尔街日报》畅销书作者

这本书把推动变革的理论与实践进行了很好的结合，其妙处就在于，非常详尽地阐释了应该如何激发组织的创新潜力。

——琳达·希尔（Linda Hill），哈佛商学院华莱士·布雷特·唐纳姆工商管理教授，《集体的天才：引领创新的艺术和实践》（*Collective Genius: The Art and practice of Leading Innovate*）的合著者

我们公司面临的挑战在于消费者行为和市场变化太快了，所以我们希望转变为一个更加以客户为中心的组织。本书给人很多启示，包括对创新的深刻洞察、有效的聚焦以及启发性的灵感，让我们能在组织内部创建并强化创新文化。总之，这是一本观点大胆且十分鼓舞人心的读物。

——托马斯·费希尔（Thomas Fischer），曼胡默尔集团（MANN+HUMMEL）监事会主席

对于想要在数字时代发展的企业领导者们，本书提出了很多睿智的建议。本书的内容引人入胜，写作风格朴实易懂，介绍了大量实用的方法工具和鼓舞人心的案例，其中包括我最喜欢的星展银行案例，你将看到它如何创建了"经过精心设计的文化"以及如何解决了过程中的难题。

——彼得·威尔（Peter Weill），麻省理工学院信息系统研究中心（CISR）主席，《你的数字化商业模式是什么》（*What's Your Digital Business Model?*）和《IT 领悟力》（*IT Savvy*）的合著者

虽然很多组织声称要建立创新文化，但真实情况却是，创新就像上个月头脑风暴用过的便笺一样，并没有产生什么实质影响。这本实战手册中介绍了很

⊖ 考克斯杰出教授（Coxe Distinguished Professor）是达特茅斯学院的一类特聘教授。——译者注

多实用的工具，可以帮助你和你的组织重新思考如何在日常工作中实现创新，并推动持久的文化变革。

——汤姆·菲什伯恩（Tom Fishburne），Marketoonist 创始人兼 CEO，
《你的广告在这里被忽略》（*Your Ad Ignored Here*）的作者

这本书读起来非常轻松愉快，书里有很多有用的观点，关于如何推动、提醒甚至"哄骗"我们所有人成为出色的创新者。"BEAN"的概念令人上瘾，你会受到启发，创造自己的概念。

——齐娅·扎曼（Zia Zaman），海狸湖资本（Beaver Lake Capital）
创始人兼管理合伙人，大都会人寿亚洲区首席创新官

许多公司都想知道如何才能更好地模仿亚马逊、阿里巴巴和谷歌母公司 Alphabet 等典型的创新公司。但对于每一个组织而言，真正的机会在于找到自身的优势，创造出可持续的创新文化。本书为那些渴望成就非凡事业的个人和公司提供了具体而实用的建议。

——克里斯·叶（Chris Yeh），《闪电战》（*Blitzscaling*）和《联盟》
（*The Alliance*）的合著者

当今世界的不确定性提升了组织对创新的要求，甚至需要组织以前所未有的速度和规模进行创新，同时还需要有能力协调不同利益相关者的不同思维方式。这是一本鼓舞人心的实用指南，可以帮助各种类型的组织，无论是家族企业还是政府机构，进行真正有影响力的创新。

——克里斯托弗·布兰德（Christoph Brand），高盛集团国际顾问

对于改善我们思考和实践创新的方式，这本书的贡献是独特而且有力量的。这本书立足于现实，可以让你为创新付出的努力取得成效。

——斯图尔特·克雷纳（Stuart Crainer）和戴斯·狄洛夫（Des Dearlove），
Thinkers50 创始人

世界上最伟大的
未被开发的能源

你好，读者。很开心，我们马上就要开启本书有趣的章节了，我向你保证。不过在此之前，先让我们简明扼要地介绍一下这本书的精髓。

这是一本关于创新的书。更具体地说，这本书要解决的问题是如何让创新成为日常习惯。你每天都要吃饭、睡觉，而当今世界的快速变化，则意味着你每天都要创新。因此，本书的书名是《身边的创新：让创新像吃饭、睡觉一样简单》[⊖]。这是一本帮助组织建立创新文化的实用指南，能够让推动创新的行为自然而然地出现。

如果你在一个大型组织里工作，并且看过一些关于创新的文章和书籍，你可能会猜测："创新文化？我以前听过这个。接下来是什么？难道又是关于某个组织超高速增长奇迹的故事？它又在食

⊖ 最初作者们提议用"释放创新"或"黑客创新"作为书名，值得庆幸的是，我们的出版商有了一个更好的想法（尽管对于我们作者来说，这确实需要一些时间来适应）！而我们在本书的页下注中，安排了许多补充说明和参考文献，以扩展内容并增加一点乐趣，让你感觉这并不是一本无聊的书。所以，"页下注读者们"，你好，很高兴你们能和我们在一起。你们不一定"需要"读页下注，但你们"应该"读一读。

堂的食物和游戏室的装饰上花了大笔的钱？"

即使你持怀疑态度，我们也非常理解。我们一直工作在创新的第一线，看到了各式各样好的、坏的或丑陋的案例。我们的经验表明，公司的意图总是好的——它们想要创新，想要建立一个稳定的、有创造力的员工队伍，但它们的尝试往往会失败，甚至在某些情况下，完全适得其反，也因此人们常常对"创新"持怀疑态度。

在我们不断尝试分析和帮助领导者建立创新文化的过程中，我们逐渐产生了一种"痴迷"，不是对中国和美国的互联网巨头，比如 BAT 和 FAANG[⊖]，而是对"NO-DET"[⊜]的痴迷——那些正在做着非凡事情的平凡组织。

下面是关于一家"NO-DET"的简单故事。星展银行（DBS，也称星展集团，下文统称为星展银行）是东南亚最大的银行之一，它的历史与其祖国新加坡的历史紧密交织在一起。1965 年，新加坡从马来西亚分离出来，成为一个独立的国家。3 年后，新加坡政府成立了新加坡发展银行，接管新加坡国家"经济发展局"（Economic Development Board）的融资相关业务。逐渐地，这家银行发展成新加坡最大的银行之一，2003 年更名为星展银行。

亚洲的银行一般都是较为保守、被严格监管的组织。新加坡作为一个因秩序、规则而举世闻名的国家，其声誉当之无愧。2009 年，皮尤什高博德（Piyush Gupta）作为新一届首席执行官（CEO）加入星展银行，同年，本书的合著者保罗·科班[⊜]也加入了星展银行。在过去的 10 年里，星展银行成为全球公认的创新领导者，赢得了无数荣誉，同时也成为新加坡交易所市值最高的上

⊖ BAT 是中国互联网巨头百度、阿里巴巴和腾讯的缩写，FAANG 是脸书、苹果、亚马逊、奈飞和谷歌（包括谷歌母公司 Alphabet 在内）的缩写。虽然这些公司都非常有趣，但是它们的文化和创始故事，都跟它们独具风格的创始人密不可分。

⊜ 这是作者自创的缩写词，来自"normal organizations doing extraordinary things"（正在做着非凡事情的平凡组织）的首字母。——译者注

⊜ 保罗·科班是本书的作者之一，此外，你还会在整本书中看到保罗、安迪、娜塔莉和斯科特的"身影"。我们曾争论过是否要在每一章第一次提到这些名字时都称为"合著者"，但我们认为，我们的读者都足够聪明，用不着这种笼统的称呼。

市公司之一。星展银行是如何做到的？它是通过收购一家高增长的初创企业，然后把创新"外包"给初创公司吗？并不是。它是通过大幅改造员工团队，用"调皮"的"千禧一代"取代了无聊的银行家吗？也不是。那么，它有没有强制命令人们去创新呢？也没有。

我们很容易就默认一种假设：人是无法改变的。终身工作者往往有一些陈旧的习惯，缺乏必要的知识来应用前沿的尖端技术。星展银行的很多管理层就是这么认为的。但几年前，奈飞的一位开发负责人阿德里安·柯克罗夫特（Adrian Cockcroft）来到星展银行参观[⊖]。柯克罗夫特描述了另一家银行高管拜访奈飞时的情况，这位高管感叹奈飞在吸引年轻有为的工程师方面具有明显优势。柯克罗夫特告诉这位高管两个观点：一是奈飞的工程师平均年龄为 40 岁；二是这些工程师有很大一部分来自银行，只是"摆脱了原来的工作方式"。

可见，创新者一直都在，只是需要"一些东西"才能将创新引导出来。

在本书中，你将了解到星展银行如何从一个本土市场里的"创新落后者"，成长为全球公认的"创新引擎"，你也将了解一家头部电信公司的人力资源部门，如何发起卓有成效的创新运动，以及联合国儿童基金会（UNICEF）如何利用其广泛的联系和网络，用创新的方法来帮助世界各地的儿童。本书中介绍的这些组织和其他组织一样都很普通、很大众，它们就跟世界上大多数人所在的工作组织一样。但是，本书将向人们展示它们如何做出了非凡的事情。

＊　＊　＊

请闭上眼睛，试着想象一下海滩上的日落，海浪拍打，微风轻拂。此刻，你的脑海里是一幅田园诗般的风光，并且还不由自主地设想起未来的假期（毕竟大家都苦"新冠"久矣）。但是，除了美景，画面中还有什么？是未被开发

⊖　在作者撰写本书时，柯克罗夫特正服务于亚马逊云（AWS）。

的能量。风、水、光都裹挟着巨大的能量在世界中流动，无限循环，无限更新。你可以直接看到和感受到它们的能量。但是，为了让这些能量变得有用，你必须捕捉、储存和引导它们，而不能任其自然地扩散和消耗。

新冠和创新

来，让我们正视一下"房间里的大象"$^{\ominus}$（the elephant in the room），如果你愿意的话，我们也可以称之为"变化中的大象"（the elephant on the zoom）。2020 年开始的疫情，阻隔了我们对"假期"的想象。本书恰好写作于疫情大暴发的时期。当我们在 2020 年 2 月初向出版社提交最终稿件时，对病毒的隐忧还局限于部分地区；但当我们在 2020 年 4 月中旬拿到编辑好的书稿时，世界上大部分地区已经处于封锁状态$^{\ominus}$；而到 2020 年 10 月这本书的英文版出版时，情况又有所不同。没有人能确定地知道未来人们将处于怎样不同的环境。

不确定性让市场对创新的需求大幅提升。在 2020 年第二季度，世界不得不面对一系列无法预料的挑战：确保全球供应链正常运转，想办法让工作和学习实现线上化，以及对各种社会经济问题给出及时的解决方案。那些持续远程办公的地方不得不应对新出现的挑战，比如在无法像往常一样面对面接触的情况下，如何在组织中培养出一种共同的文化。

本书不是专门针对后疫情时代"新常态"的导航，而是一本让创造力成为组织内部习惯的指南。本书后面的一些内容跟疫情有直接联系，比如详细介绍了星展银行如何利用创新能力快速、全面地进行远程运营。我们将把与疫情相关的具体思路，以及任何后续大事件，都放在本书的配套网站 www.

$\ominus$ "房间里的大象"是一个比喻，形容明明存在却被人刻意回避的问题。——译者注

$\ominus$ 2020 年 3 月中旬从美国旅行回到新加坡后，斯科特在公寓里度过了 14 天与世隔绝的日子。在新加坡宣布"航空管制"之前，他出来享受了 6 天自由。但在接下来的两个月里，新加坡实施了"封锁"：关闭了学校、餐馆和大多数企业。

eatsleepinnovate.com 上，以供读者参考。

组织拥有无限的创新资源

现在，请再闭上眼睛，想象一下电影《上班一条虫》(*Office Space*) 或动画片《呆伯特》(*Dilbert*) 中那种看不见尽头的办公小隔间。你脑海中浮现的画面，可能跟刚才的田园风光相距甚远，导致你可能会重新考虑你的下一个假期。除了灰色的墙壁和办公桌，画面中还有什么？组织的创新能力，就是尚待开发的一种能量。每个组织的血液里，都蕴藏着人类原始的创造力，可能一部分正在形成中，一旦从组织顽固的岩壁中将其解放出来，它们就能转化为巨大的价值。即使创新的能量有时得到了释放，往往也只是低效率或混乱地使用，只发挥了其潜力的一小部分。⊖

本书的核心论点是，世界上最强大的未开发能源不是风、水或太阳，而是存在于现有组织内部的创新能源。今天，这种能量在很大程度上受到了限制和遏制，你需要释放、利用和放大它。本书将告诉你如何做到这一点。

* * *

几年前，斯科特⊖和他的家人在柬埔寨时参观了一家给人带来很多启发的企业。这是一家致力于解决社会问题的企业，为数千名穷困潦倒的柬埔寨工匠提供就业机会，这些工匠通过手工制作服饰、雕刻、塑像等获得酬劳。斯科特

⊖ 与这段文字相配的涂鸦来自保罗，他为本书贡献了 50 多幅与众不同的涂鸦。如果你想在自己的婚礼上收获一个不一样的涂鸦纪念品，可以找他聊聊。

⊜ 斯科特·安东尼，本书的作者之一，我们后面就不再提醒了。

在参观一个和该企业有关的养蚕场时，看到了一个亮蓝色的盒子，叫作"灵感盒子"（Ideas Box），其正面的文字是"为你，为你的同事，为你的幸福"。听起来让人很受鼓舞吧？但是当他再仔细看时，发现盒子上有一把锁，锁上锈迹斑斑，很明显最近没有被打开过，又或者是从来没有被打开过。

一个上锁的"灵感盒子"

想要创新的公司常常会依赖直觉，直接复制它们在其他创新公司看到的种种"艺术品"。也许它们会修建一个多样化、色彩鲜艳明丽的自助餐厅，或者在公司里提供滑板车。但是，这些简单粗暴的举措，并不能代表或加强领导层真正的创新愿景，而且缺乏灵魂。没有灵魂的举措只起到了"宣传"的作用，或者说这就是一种新型的"创新宣传" ⊖⊜ 。虽然"创新宣传"在一开始能激发一阵热情，但从长远来看，往往带来的是对创新的怀疑，而不能真正推动创新。

文化是一个复杂的、不同要素相互依存的系统。在某一次会议上做一些改

⊖ 史蒂夫·布兰克和埃里克·莱斯称之为"创新表演或创新剧场"（innovation theater），但我们认为用"Innoganda"一词，也就是"创新宣传"更好。但读者朋友们也应该读读他们两位的作品，相当不错。

⊜ 史蒂夫·布兰克是硅谷的"创业大师"，连续创业八次，并热衷于创业教育；埃里克·莱斯是《精益创业》的作者。——译者注

变很容易，但要改变几百人甚至几千人的日常行为非常难。你根本不可能通过做一件事来改变一个系统。

本书整理出了一套系统的方法来鼓励和赋能人们进行创新，打破现状，进行思考并采取有效行动。我们的方法位于四个研究流派的交汇点：组织文化、习惯改变、促进创新的行为、加强创新的系统结构。[一]我们四个人——担任 Innosight 公司[二]咨询顾问的斯科特、安迪和娜塔莉，以及作为星展银行创新实践者的保罗，都与这些研究案例有联系，而且对其充满热情。在过去几年中，我们尝试通过最新的一手研究和实操经验（包括 2017—2018 年 Innosight 公司和星展银行之间的合作项目），对这些研究文献进行补充和论证，并创建了一个更实用的工具包，使"文化变革"这个通常模糊不清的话题变得更清晰。我们认为，创新的成功要通过聚焦一系列干预措施，进而改变人们的日常习惯，然后确保新的习惯能够坚持下去并发扬光大来实现。我们会花大量笔墨来讨论具体的细节，这里只提供一个简要的"导读"。

（1）文化变革始于"细化并定义那些推动创新成功的关键行为"。在书中我们喜欢提及的创新者的关键行为包括：拥有极强的好奇心，遵循客户至上，寻求合作，善于灵活应对模糊性，并进行赋能和授权。但不同的公司，其创新的关键行为可能会有所不同。

（2）你必须能意识到并打败一个名为"战略阴影"的强敌。这是一种隐形但强大的力量，它把今天看得比明天更重要。要想击败"战略阴影"，不能简单粗暴地进行"创新宣传"活动，而要采取协同努力的措施，塑造新的日常习惯。

（3）要想在这些方面取得成功，就要从习惯中借鉴，并通过使用 BEANs[三]来打破人们的习惯，从而克服已经暴露出来的障碍。

[一] 在本书的附录"创新文化"书架中，你可以看到我们选出的每个流派中最具影响力的图书。

[二] 作者们所在的创新咨询公司。——译者注

[三] 由行为赋能器（behavior enablers）、人工道具（artifacts）和助推器（nudges）的英文首字母组成。

不要光拿装豆子的袋子，而要创造行为赋能器、人工道具和助推器。

（4）你可以通过为期六周的"创新冲刺"，为你的团队、小组或部门创建出创新文化的初始版本，"创新冲刺"包含了一次专门为"BEAN 脑暴[⊖]"设置的会议。

（5）要确保变革的持续性和规模性，就需要将日常习惯整合到支持系统和整体结构中，最应该注意的是那些决定公司如何分配资源的系统和结构。

下面我们将提供一个更为详细的"路线图"，如果你想要较深入地了解本书即将展开的话题，那么可以阅读下文。

我们将全书分为三个部分。第一部分奠定了全书的基础，包括四个章节和三个案例研究[⊖]。

第一章是从"下定义"开始的。"创新文化"这个词本身就是一个障碍，因为这个词的用法通常是模糊不清的，而且往往用于各种迥然不同的语境，以至于这个词变得几乎毫无意义。我们对于"创新文化"的定义是：在这种文化中，推动创新成功的行为会自然而然地出现。第一章对这一定义进行了解析，用通俗易懂的语言描述了推动创新成功的行为，并展示了这些行为在联合国儿童基金会的实践。在第一章正文部分之后，是一个详细的案例研究，描述了

⊖ 作者借鉴"brainstorm"（头脑风暴），提出"BEANstorm"（BEAN 脑暴）的概念。——译者注

⊖ 典型的商业图书每章约 6000 字，但本书第一部分章节和案例的篇幅为 1000 ~ 8000 字，尤其是星展银行的案例实际上比前面的章节还要长。对于那些追求单调一致的读者，我们表示歉意，但这毕竟是一本关于创意和创新的书，让那些传统都随风去吧！

救世军（The Salvation Army[⊖]）在美国的东部地区如何打造出更多的"创新大厨"。

第二章从一个问题切入：为什么人类是天生的创新者，但组织却为此而苦恼？然后讲述了两个真实故事，第一个是关于斯科特的儿子"快乐哈利"的故事，第二个是微软错失搜索广告市场的故事，这两个故事说明"战略阴影"使组织惰性制度化。最后，我们呈现了关于星展银行发展历程的案例，表明上述问题是可以被解决的。

如何营造创新文化？不必引进"桌上足球机"（foosball table），不要开展无用的运动，不用为了号召人们创新，而用奇怪的词语来命名一些节日。举几个例子，像"古怪想法的周三""自由思维的周五"或"天经地义的特殊目的周日"。相反，按照第三章的逻辑，应该用"BEANs"来打破习惯，BEAN 包括三个部分：行为赋能器，人工道具和助推器。本章我们将描述一个成功的 BEAN 是什么样的，并分享 BEANs 发挥作用的故事，如星展银行的甘道夫（Gandalf）奖学金、塔塔集团（TATA）的"敢于尝试奖"、奥多比公司（Adobe）的"启动盒子"（Kickbox）计划。紧接在本章后面的案例，详细介绍了星展银行技术中心（位于印度海得拉巴）进行的一次干预，同时详细讲解了如何创建一个 BEAN，成功的关键是什么。

本书第四章将借鉴亚洲一家大型电信公司人力资源部门的案例，介绍如何一步步进行为期六周的"创新冲刺"。其中，BEAN 脑暴会议作为"创新冲刺"的高潮部分，用以制定切实可行的干预措施，催化一批变革推动者的出现。

在本书的第二部分，我们介绍了实用的技巧、诀窍和工具，以及一些鼓舞人心的故事，可以帮助你推动文化变革，而且具有持续性，能扩大创新文化的规模。后面的章节较短，每章都对应潜在创新者必须遵循的一个阶段：发现机会（第五章）、为好想法绘制蓝图（第六章）、评估和测试想法（第七章）以及推

⊖ 救世军是一个创建于 1865 年，拥有军队化架构，并以基督教作为信仰的国际性宗教及慈善公益组织，以街头布道和慈善活动、社会服务著称。——译者注

进创新（第八章）。每个阶段都包含 BEANs 的例子、"BEANs 助推器"（有助于扩大所选 BEANs 的影响）、案例研究和实用工具。

本书的结尾部分包含总结与回顾、文化变革的过程和对行动的呼吁，附录里则是一些参考资料："创新文化"书架、有关文化变革的文献和综述，以及我们自创的"装有 101 颗创新豆的口袋"[⊖]，包含了 101 个 BEANs 的简要总结。本书的配套网站提供了一系列附加工具和模板，可以帮助你将创新文化的理念和方法运用到工作中。

＊　＊　＊

虽然我们四个作者从不同的角度来看待这个问题，但我们的目标是一致的：打破限制，激发创新潜力。我们相信，组织的能力远比它们所意识到的要强得多。我们亲眼见证了成熟的组织将自身独特的组织资产整合到一起后所发挥的巨大能量。

本书汇集了我们四个人加在一起 70 多年的实战经验，这些经验来自于我们与全球各地组织合作、共同应对创新挑战，以及数十年来世界顶尖学者累积的研究成果。即使有这些基础，也并不意味着整个过程很容易。

文化变革并不是一道简单的数字习题。组织的创新解决方案需要根据其独特的目标、所处的环境和组织的历史来进行定制。这对于领导者而言可以说是个好消息，因为他们可能会对苹果、迪士尼旗下的皮克斯、谷歌或 3M 等创新标杆羡慕不已，但同时又发现创新标杆的模式是不可复制的。我们将分享的是经过实战检验、行之有效的方法，为你提供相应的语言体系和工具，最重要的是，让你有信心找到属于自己的创新文化。

⊖ 这里的 BEAN 取名很妙，几个关键词的首字母组成英文单词"豆子"，可以理解为"创新豆"，所以此处作者用"创新豆的口袋"来发展这个用法。——译者注

目录

——

第一部分为本书的论点和论证奠定了基础。

▍ 第一章及相关的案例研究详细介绍了本书的核心术语，其中最关键的是给出了创新文化的定义：创新文化是能够让创新行为自然而然产生的文化。

▍ 第二章阐释了要创建这种文化，组织所面临的核心挑战："战略阴影"导致组织惰性的制度化。其对应案例研究介绍了星展银行是如何克服这一挑战的。

▍ 第三章及其相应案例研究建立了"行为赋能器、人工道具和助推器"（BEANs）的理念，来鼓励期望出现的创新行为，并克服已经发现的障碍。

▍ 第四章详细介绍了如何进行为期六周的文化冲刺（culture sprint），冲刺项目的最后阶段，是为期两天的启动会议（activation session），其中包括一场结构化的 BEAN 脑暴⊖。

第一部分

何为创新

Eat
Sleep
Innovate

⊖ 对于那些压力大、想知道为什么第四章没有配套案例研究的人来说，答案很简单：案例研究与本章交织在一起了。放松点，正如拉尔夫·沃尔多·爱默生所说的，愚蠢的一致性是狭隘心灵的妖精。

Eat
Sleep
Innovate

更多人的责任

这是 2017 年 9 月初的一天。联合国儿童基金会巴拿马办事处的维多利亚·马斯克尔（Victoria Maskell）正在参加飓风"艾尔玛"（Irma）的紧急会议，"我们看着那个恐怖的红色漩涡，边缘依次是黄色、绿色，然后蓝色，正在向加勒比地区移动"。当时，"艾尔玛"已经升级为 5 级飓风，一旦登陆，就将造成相当大的破坏。马斯克尔正绞尽脑汁，寻找帮助当地人准备应急的方法。当时，其他组织很难接触到这些当地人。

于是，她想到了 U-Report——由联合国儿童基金会创建的移动授权平台。联合国儿童基金会是一个为儿童提供健康和教育服务的国际机构。这个平台利用其在近 200 个国家和地区的影响力，通过手机上的社交信息和短信渠道，围绕联合国儿童基金会合作伙伴和利益相关者感兴趣的话题，广泛地收集意见。马斯克尔回想起来，联合国儿童基金会曾经利用 U-Report 来回答问题，向人们提供有关塞卡（Zika）病毒的信息，以及最近秘鲁发生严重洪灾后，U-Report 用于部署相关行动。在这两个事件之后，联合国儿童基金会还利用 U-Report 在极小的范围内来了解青年人的情况，并发出像"保持安全"之类的信息。

马斯克尔认为，U-Report 可以成为一个很好的平台，来传播像飓风这样的可预测的灾难信息。于是，她与联合国儿童基金会其他七个办事处的代表合作，包括在纽约工作的联合国儿童基金会高级数据专家克里斯托弗·布鲁克斯（Christopher Brooks）、驻泰国曼谷的全球 U-Report 协调员詹姆斯·鲍威尔（James Powell），以及七名联合国在线志愿者。这支团队开始提供 24 小时不间断的新闻报道，发出信息并接收和处理来自全球各地的问题。最终统计发现，在这次事件中，联合国儿童基金会向 25 000 多名 U-Report 成员发送了信息，并在平台上回答了约 8000 个来自个人的问题。对于 80% 的平台访问者来说，U-Report 是他们了解如何为飓风做准备的唯一信息来源。同时，80% 的用户表示，他们把这些信息分享给了不止一个人。

这次事件后，联合国儿童基金会收到了数百条感谢信息。东加勒比地区的一位 15 岁的少年写道："我不知道应该怎么解释，但在我过去 15 年的生命里，这是第一次经历飓风，我真的特别害怕。我很难表达自己的心情，但想告诉你，你发给我的信息是我长这么大收到过的最好的信息之一，我打电话跟全家人分享了。谢谢你。"

风暴过后，U-Report 也让联合国儿童基金会更好地掌握了最需要帮助的地区的信息，并采取了适当的应对措施。

"我们有时会忘记全球社区的力量，但全球团队让我们能够迅速做出反应。U-Report 旨在推动社会变革，并倡导全球社区的理念。"马斯克尔说。"U-Report 社区一个很棒的点在于，我们可以彼此分享最佳实践的案例。同时，我们也成长为一个拥有共同且明确目标的全球团队：在儿童和青年最需要帮助的时候，给予帮助。"

在这次事件中，没有人向马斯克尔下达命令，让她采取行动，也没有高层领导描绘出一个大胆的战略愿景，更没有人需要发明创造新技术才能取得创新突破。创新的尝试就来自普通人的行动，普通人完全有能力对一个难题提出一个创造性解决方案。这就是行动中的创新[⊖]。

在本章中，我们将深入探讨是什么原因让"马斯克尔们"更具备创新精神，因为每个组织中都有"维多利亚·马斯克尔"：他们富有创造力、好奇心和发明才能。如果组织能让他们的习惯、本能和行为自然而然地流露和发展，他们就会茁壮成长。从本质上讲，这就是创新文化的意义所在。现在，让我们来解读一下创新的真正含义，并探讨创新文化的优势所在[⊜]。

当我们谈论创新时，我们在谈什么

我们对创新的官方定义非常简单："**能创造价值且与众不同的东西**"[⊜]。"东西"是故意选择的一种模糊的说法。因为通常情况下，人们认为创新就是发明新技术，但这就意味着只有非常小的一部分人能参与创新，比如工程师或穿着白大褂的科学家。然而，事实并非如此。

斯科特的祖父是一个有趣且经典的例子。罗伯特·N. 安东尼（Robert N. Anthony，以下统称老安东尼）是一位著名的教授，他因为撰写了信息

　⊖　作为 U-Report 故事的后续，在新冠疫情暴发后，联合国儿童基金会利用其在平台上建立的聊天机器人功能，将信息传递给约 500 万人，并发布了 U-Report 的升级版，让更广泛地区的人群能够使用。

　⊜　作者团队中也存在过一些争论，因为本章及其对应的案例研究完全来自非营利组织。争论的理由是，这些例子很丰富，与大多数创新书籍中出现的例子不同，当然也符合引言中描述的重点关注"NO-DET"组织的原则：那些正在做着非凡事情的平凡组织。对于那些商业驱动的组织，不要担心，后面还有丰富的相关案例。

　⊜　安迪、娜塔莉和斯科特与 Innosight 公司的同事戴夫·邓肯（Dave Duncan）对这个定义进行了长期的、友好的争论。戴夫更倾向于"创造价值的新事物"，因为"新"反映了"创新"这个词的拉丁语词根，而且要求人们延伸思维，来提升他们想法的开创性、先锋性。但我们更喜欢"与众不同"，因为它明确表达出对现有想法的巧妙改造也算创新。

量巨大但读起来相当枯燥的学术教科书，而在"会计名人堂"中拥有一席之地。老安东尼的代表作，比如像《非营利组织的财务管控》（*Management Control in Nonprofit Organizations*），一看标题就让人觉得"牛气冲天"，但同时他也是一位创新者。

20世纪60年代初，老安东尼推出了第一本类型截然不同的书，名为《会计学精要》（*Essential of Accounting*）㊀㊁。不像以往，这并不是一本只有专家、讲师才能理解的、信息密度巨大的、读来枯燥的学术教科书，而是一本供非专家使用、指导自己动手的工作手册，书中全部是指导自学的小练习。这些小练习的本质，就是让读者自学会计学基本知识。看完书之后，你可能还是没法为一家非营利组织进行财务管控，但你可以掌握借方和贷方的区别，计算应收账款天数，更能理解财经新闻，也可以和财务部门的人进行更深入的交流。

在我们对创新的定义中，使用了"不同"这个词，而不是"突破"等更戏剧化的词。正是因为"不同"提醒了我们一个关键问题：怎样才能铺就一条最有影响力的创新之路？答案是：把复杂的东西变简单，把昂贵的东西变实惠。虽然阅读《会计学精要》比不上面对面地接受一位专家学者的指导，因为专家学者可以解释概念，并提供实时反馈。但这本书的成功表明，这些并不重要。《会计学精要》的简单和便宜打开了更广阔的市场，成功地走上了"颠覆性创新之路"——也就是Innosight公司的联合创始人、哈佛大学教授克莱顿·克里斯坦森（Clayton Christensen）所提出的著名概念。

㊀ 在老安东尼2007年去世前，这本书已经出版到了第11版（第12版是在他去世后出版的），其销量比老安东尼所有其他书籍的总和还要多。这里创新的并不是一种突飞猛进的技术，而是一种不同的会计教学方式。此部分原为正文。——译者注

㊁ 斯科特获得了三本《会计学精要》。第一本是他祖父送给他的生日礼物，当时他才八岁。（谢谢你，爷爷！）第二本是在他在咨询公司开始第一份工作之前。第三本是在他进入商学院之前。这就是斯科特的祖父所抓到的用户"痒处"：一本容易获得的书，可以被任何想要提高他们团队财务信息流畅性的组织广泛传播。

最后我们来看看，创新的定义中最关键的词：创造价值。这个词将"创新"与发明、创造等行为分开。发明、创造的行为无疑是重要的，但在我们看来，除非你已经将创意的火花转化为收入、利润或改进的流程，否则你就没有创新。关注"创造价值"时刻提醒我们，创新不是一种学术行为，而是一种更加具有现实意义的行动。

假设你正在设计一个关于创新的演示文稿（PowerPoint）。你会在幻灯片上放什么图标来表示"创新"？对大多数人来说，答案是显而易见的：灯泡。谁发明了灯泡？这其实是个不好回答的问题。大多数人都会说托马斯·爱迪生，但如果你研究一下历史，很多人都可以声称发明了相关基础技术。我们之所以记住爱迪生，并不仅仅因为他是一个伟大的发明家，更因为他是一个优秀的创新者。虽然爱迪生确实是一位伟大的发明家，在他的名字下拥有超过 1000 项专利，但是他更痴迷于"创造价值"。爱迪生并不只在技术上下功夫，他还致力于开发一个端到端的系统，让所有终端消费者都能享受到光明。爱迪生的电灯公司拥有世界上第一台发电设备，就在曼哈顿下城运营着。

1889 年，该公司与爱迪生拥有的其他几家公司合并，成立了通用电气公司。永远不要忘记爱迪生最著名的一句话：天才，是 1% 的灵感加上 99% 的汗水。除非你流着汗，创造着价值，否则在我们眼里，你还没有创新。

当我们要求人们描述创新的例子时，他们往往默认创新就是像灯泡这种改变世界的技术，像 iPhone 这种划时代的产品，或者像 Airbnb 这种改变游戏规则的服务。所有这些都是很好的例子，但创新还有很多不同的形式和方式。例如，斯科特通过哈佛商学院出版社（Harvard Business Publishing，HBP）发起了一系列关于"企业学习"的在线研讨会，来自不同公司的参与者在研讨会上提出了以下创新想法。

- 开发可视化的计分卡来跟踪关键绩效指标（KPI）。
- 在会议室不放椅子，以便提高效率，远程监控现场。

- 为了促进"员工共享区域"这个概念的有效落地，在一个楼层设立珠宝交换桌。

这些都是创造价值，而且与众不同的好例子。

如果你建立了正确的语言来描述创新，你就会发现创新无处不在。创新并不是少数人的工作，而是很多人的责任。会计师可以做到这一点，非营利组织可以做到这一点，孩子们可以做到这一点（关于孩子们的创新，很快会有更多的介绍），而你也可以。当今世界的急速变化要求我们每个人都提升自己的能力来进行创新，也要求我们所处的组织创造出适配的文化来支持创新。

文化到底意味着什么

"创新文化"听起来很有吸引力，不是吗？这个词让人联想到那些把看似疯狂的梦想变成现实的故事。创新文化之下，新的想法蓬勃发展，员工感到自己的声音被人听到，自己的影响被人感受到，同时留下自己的印记。然后，在这个不断曲折前行、越来越不稳定且不可预测的世界里，组织能够灵活地适应变化，得到发展。

要说出那些看上去拥有创新文化的标志性公司并不难——像谷歌、亚马逊、迪士尼旗下的皮克斯和英国维珍集团（Virgin[⊖]）。但是，到底是什么构成了这些文化？人们通常的回答都源于他们看见了什么。比如：公司的食堂请了一位曾任职于米其林餐厅的大厨，能够做出美味的素食蛋白球[⊜]；或者，年轻员工可能会踩着酷炫的滑板，在办公室里风驰电掣；也许，办

⊖ 维珍集团是英国多家使用维珍作为品牌名称的企业所组成的集团，由著名的英国商人理查德·布兰森爵士创办。集团业务范围包括旅游、航空、娱乐业等。——译者注

⊜ 这里绝对不是反对素食蛋白球。在谷歌搜索"美味的素食蛋白球"，可以得到约2490万个结果。世界真奇妙！

公室中间还设了一个滑梯，是游乐场的那种滑梯，而不是放在演示文稿中的那种。无论是看起来还是感觉起来，都非常有趣、自由而且开放。

这些视觉上的标志，其实是麻省理工学院长期教授埃德加·沙因（Edgar Schein）所描述的"人工道具"。它们本质上是当你环顾一个组织时，看到的那些东西。虽然人工道具可能是文化的表现，但它们只是冰山一角——并不是对文化有决定性作用的那些特质。比如说，在某些情况下，公司可能会搬来桌上足球机，却渐渐让它积满灰尘；或者，员工们可能会听到高层领导从滑梯上老老实实、笨手笨脚地滑下去时，发出尴尬的笑声；在某些情况下，桌上足球机和滑梯也可能会成为受欢迎的热点，但是，创新文化除了可见可感的东西外，还应该有背后的故事。

"文化"这个词往往出现在流行的商业金句中，比如"文化能把战略当早餐吃掉"（出自彼得·德鲁克）、"文化是管理者离开房间后，人们如何工作"等。但组织文化究竟是什么呢？沙因在定义"文化"时所关注的已经超出我们在组织中能看到的东西，延伸到人们在日常工作中实际做了什么，其中最关键的是人们的想法和信念。因此，沙因将组织文化定义为：一个组织在解决问题的过程中共同学到的基本假设模式，而且这些基本假设模式运作得很好，被认为是有效的，因此组织成员将其作为与已解决问题有关的正确认知、思考和感受方式，并一代一代地教给组织的新成员。

那么，这个定义到底是什么意思呢？当一个组织还处于萌芽时期，遇到新的问题时，它就必须想办法解决问题——也许人们会从他们的共同经历中汲取经验，也许他们只是在尝试一些事情，直到有些事情成功为止。而随着时间的推移，一个组织将不断地遇到特殊类型的挑战，例如在创造新产品和新服务时，或者在销售、生产或管理员工发展时。在这些情况下，组织找到了应对挑战的方法，那么曾经的尝试和错误的试验就让位于标准流程，最终转化为常规或习惯。而这些曾经显性的假设，不断推动组织习惯的养成，却逐渐"消失"在组织的结构中。也就是说，这些标准流程背后的"原因"隐身了。

来想象一下，当你参加一个会议，高层领导们正在讨论是否投资一个项目。你可能会看到，讨论的焦点集中在一个团队演示的财务预测上。为什么会这样？很有可能是由于一系列的组织常规。比如，小团队收集数据、创建电子表格、计算项目的财务影响，并与领导分享这些电子表格，以获得反馈。但是为什么呢？为什么会有创建电子表格的流程？为什么这项工作要在小团队中进行？如果你问那些参与其中的人，他们可能会说："我们这里就是这么做的。"然而，真正的答案其实是：在组织历史上的某个时刻，有人在实践中了解到严谨的分析是有价值的；也许他们曾在没有这些分析的情况下启动了一个项目，结果是灾难性的；在某个时间节点上他们还了解到，团队比个人的工作成果要好；也许他们得到了一个侧面的比较，证明了这个决定是正确的；又或者这就是组织成立以来，一直坚持的一个"默认设置"。不管具体的答案是哪个，随着时间的推移，以下两个假设结合到一起，即"最好的结果来源于听取不同的观点"以及"严格的规划有助于避免投资错误"。

这就是文化的挑战性所在。我们可以看到的是人工道具，比如会议上谁说了什么，人们带了什么材料，办公室是如何布置的等。但在这些人工道具的背后，是人们的工作方式，这些工作方式建立在群体所秉持的假设、信念和价值观之上。文化不只是你所看到的，它也是一个群体所做的和所相信的。

文化并不是你看到什么或说了什么，而是你做了什么。

　　沙因的定义清楚地说明了组织在寻求创新能力提升时一个最大的谬误：人们看中了当下热门的创新公司，并试图复制该公司的核心行为，却没有尝试去理解该公司采取这些行为背后的假设、信念和价值观。

　　"哇，3M公司有一个'15%规则'允许工程师探索副业！我们也这样做吧。"或者，"谷歌有一个'射月'（moonshots）小组，可以自由探索新兴技术！让我们成立一个这样的小组吧。"又或者，"宝洁有一个'开放式创新'项目，旨在与个人科学家建立联系！听起来真酷。"

　　然而，正因为这些公司都有非常独特的文化，才能最大限度地发挥这些创新的影响力。基于独特的文化，你所看到的可能就是你想要得到的创新。但如果你所看到的并不是你所做的，也没有加强你的信念，那么你所看到的只不过是一个"没有灵魂的摆设"，或者根本就是无稽之谈⊖。你可能会说："这盆兰花真美，我想在明尼阿波里斯市（Minneapolis）⊜的后院里也养一盆。"但很明显，这里的环境与你后院的环境是不同的，而且植物周围的其他事物也不同。比如，看护植物的园丁，以及他们每天的常规养护操作等，可能都大相径庭。

　　总而言之，任何事物（我们简称为 X）的文化都遵循这样的模式：人们认为 X 是有价值的，于是遵循那些具有常规性、重复性，能帮助他们实现 X 的行为模式，然后用可视化的线索或其他促进因素来不断强化这些行为。因此，我们对创新文化定义为：能让创新行为自然而然发生的文化。

五种驱动创新成功的行为

　　虽然很多人仍然认为创新是某种"神秘活动"，需要上帝赐予的天赋，但事实上创新是一门学科。就像所有其他学科一样，它可以被管理、被衡

⊖　这就是创新宣传（Innoganda），我们在引言中曾给它下过定义。这个脚注主要是给那些跳过介绍的人看的，如果你跳过了，可以回过头去读一读。

⊜　美国的一座城市。——译者注

量、被掌握，并且可以通过精心实践来改进。

过往已经有大量的研究在探索那些推动创新成功的行为，比如克莱顿·克里斯坦森（Clayton Christensen）、杰夫·戴尔（Jeff Dyer）和哈尔·格雷格森（Hal Gregersen）的《创新者的基因》(*The Innovator's DNA*)，以及 Innosight 团队的出版物，其中最著名的是《创新者成长指南》(*The Innovator's Guide to Growth*)、《与运气竞争》(*Competing Against Luck*)和《重塑你的商业模式》(*Reinvent Your Business Model*)。我们对这些研究和文献进行了综合分析，发现要取得创新成功可以归结到五种行为上来：充满好奇心，客户至上，寻求协作，灵活应对模糊性，充分赋能和授权。同时，优质的组织文化会激励并强化这些行为。表 1-1 总结了这些行为，下面的章节将生动地展现这五种行为是如何推动联合国儿童基金会实现了成功的创新的。

表 1-1　五种驱动创新成功的行为

广义行为	描述	特定行为
充满好奇心	质疑现状，不断寻找不同的、更好的方法来做事情	保持开放的心态，不断地问"如果这样会怎样？"和"我们可能如何？" 避免对自己说"我们这里就是这样做事的"，然后把各种想法拒之门外 采取解决问题的姿态，而不是找茬的心态 永远对未来保持一定的焦虑
客户至上	孜孜以求，不断加深对客户、员工和利益相关者，以及相关工作的理解	花大量时间与客户接触，了解他们的工作 定期建立客户档案，创建客户旅程图 确保所有的解决方案都植根于真实的需求和问题 深入了解了客户如何选择解决方案
寻求协作	充分利用跨职能的专业知识，意识到"房间里最聪明的人就是房间本身"①，即协作的可能性	建立一支拥有不同专业知识、持有不同观点的跨职能团队 积极寻求外部刺激，借鉴其经验进行内部调整 强调集体目标，而不是个人目标 透明、坦诚，同时保持尊重
灵活应对模糊性	尽管信息不完整，也要自信地行动；期待迭代和变化，擅长试验，并鼓励明智的冒险	更多关注假设而非答案 持续发问："我们如何才能学更多？" 设计试验，从而了解更多关于关键假设的信息 拥抱智慧型失败的结果②

（续）

广义行为	描述	特定行为
充分赋能和授权	主动寻求和利用资源，做出有底气、有自信的决定	展现出行动的姿态、主动的立场（以主动的姿态请求原谅，而不是请求允许） 围绕创新工作的价值，梳理出一个清晰而有说服力的故事 遇到不顺心的事情时，要大声说出来 拥抱成长型心态，看到更多可能性，而不是只看到限制条件的固化心态

① 出自戴维·温伯格（David Weinberger）在《知识的边界》（*Too Big To Know*）里的一句话，"房间里最聪明的人，是房间本身：是容纳了其中所有的人与思想，并把他们与外界相连的这个网"。这句话是用"房间"来比喻"协作"。——译者注

② "智慧型失败"指产生于深思熟虑的行动或试验，最早在西姆·西特金（Sim Sitkin）的《从失败中学习》（*Learning Through Failure*）中首次对智慧型失败进行了定义，见 https://failforward.org/intelligent-failure#what-is-intelligent-failure。——译者注

行为 1：充满好奇心

创新者一直在寻找不同的、更好的方法来做事。他们是探索者，不满足于过去的成功，而是相信自己总能找到更好的方法。这意味着他们会做到以下几点：

- 保持开放的心态，不断地问："如果这样会怎样？"和"我们可能如何？"
- 避免对自己说"我们这里就是这样做事的"，然后把各种想法拒之门外。
- 采取解决问题的姿态，而不是找茬的心态。
- 永远对未来保持一定的焦虑。

联合国儿童基金会在其开展业务的许多国家和地区都面临着同一个问题，同时也是一个机会：当今全球有约 18 亿年龄在 10 ～ 24 岁的人，其中近 90% 都生活在低收入和中等收入国家。这是人类历史上数量最庞大的一批年轻人。然而，他们中很多人都缺乏机会。世界上最贫穷的儿童中只有30% 上中学，超过 5000 万青年人是流动人口，他们想要逃离冲突、贫穷和

极端天气。当下有一个重要的机会窗口，可以通过培养技能和创造力来增强这些青年人的能力，但我们很可能错过这种机会。

一个经过检验、可以赋能青年人并帮助他们培养技能的有效方法是：让来自不同背景的人共同解决问题。因此，几年前，联合国儿童基金会在科索沃的一位领导者就在想，是否能让青年社区聚在一起，使用以人为本的设计方法来共同解决社会问题。毕竟，青年人对当地问题的了解更深入，而且如果有合适的工具，他们完全可以设计和实施解决方案。这位领导者在内心深处的好奇心"作祟"之下，带着将问题转化为机会的愿景，启动了一个名为"向上变革"（UPSHIFT）的新项目，也开启了崭新的创新之旅。"向上变革"逐渐成长为具有巨大影响力的项目。通过这个项目，联合国儿童基金会凝聚起当地青年，并帮助他们成为创新者。

行为 2：客户至上

优秀的创新者孜孜以求，不断加深围绕客户、员工和利益相关者"需要完成的任务"（job to be done）⊖及其相关工作的理解。这意味着他们会做到以下几点：

- 花大量时间与客户接触，了解他们的工作。
- 定期建立客户档案，创建客户旅程图。
- 确保所有的解决方案都植根于真实的需求和问题。
- 深入了解客户如何选择解决方案。

"向上变革"的天才之处在于，让"客户"（即当地青年）直接参与其中，

⊖　"需要完成的任务"是 Innosight 公司的一个核心概念，是由我们的联合创始人克里斯坦森带火的一个概念。正如他在《与运气竞争》（*Competing Against Luck*）一书中所描述的那样，"需要完成的任务"是指，特定客户在特定情况下想要解决的问题。这个概念想要表达的是：那些能让人们更简单、更容易地解决重要问题的创新，更容易获得驱动力；而那些让生活变得更复杂，或针对不相关的工作的创新，则举步维艰。

制订解决方案，譬如塞努尔·维绍尔（Sejnur Veshall）的例子。塞努尔是科索沃普里兹伦市罗姆人社区的一名年轻成员，他所在的这座城市约有 10 万人口。"科索沃的罗姆人社区确实面临严重的歧视问题，"塞努尔说，"尽管我自己在这种情况发生时，学会了大声说话，并且总是大声反对，但其他很多人并不会这样做。尤其是罗姆族的女孩和妇女受边缘化最厉害，她们往往没有受过教育，总是被困在沉重而且烦琐的家务劳动中。"正如塞努尔的例子，因为社区中的密切联系以及本地社区的直接参与，使潜在客户（即当地青年）能够对与他们息息相关的重要问题产生直接的共鸣，感同身受的共情能够激发他们去解决问题，让自己所在的社区"向上变革"。

行为 3：寻求协作

在有关创新的研究文献中，有一个反复出现的洞见是：真正独特的想法来自交叉点，即不同的思维方式或不同能力组合之间的碰撞。优秀的创新者往往能将跨界的专业知识融合起来，并认识到"房间里最聪明的人是房间本身"。为了实现协作，创新者应该做到以下几点：

- 建立一支拥有不同专业知识、持有不同观点的跨职能团队。
- 积极寻求外部刺激，借鉴其经验进行内部调整。
- 强调集体目标，而不是个人目标。
- 透明、坦诚，同时保持尊重。

"向上变革"的项目展示了两个层面的协作。首先，该项目拥有团队作战的基因，鼓励当地进行社区层面的合作。塞努尔领导的团队名为"黄金手"（Golden Hands），目的是教罗姆妇女制造和销售用当地传统手艺装饰的盘子。

"我们想教给罗姆妇女一门手艺，培养她们的专业技能，并帮助她们把这变成一门生意。"他说。"黄金手"试图让罗姆妇女在社区中活跃起来，为拥有不同背景、来自不同社区的人提供社交空间，从而改变周围的人对罗姆人的态度和偏见。

　　塞努尔的团队组织了工作坊，让罗姆人和不同背景的社区成员在一起进行讨论。塞努尔说："通过创办一家制作带有装饰花纹盘子的企业，我们让罗姆妇女参与和融入了社会，这就是'黄金手'的一个重要任务。"

　　其次，联合国儿童基金会的内部合作扩大了"向上变革"项目的影响力，将其从一个小国家带到了全球更多的国家，同时不断改进。"向上变革"组建了一个小型的、处在中心位置的创新团队，他们组织了"向上变革2.0"峰会等活动，在整个联合国儿童基金会网络中传播相关知识。

　　"向上变革2.0"峰会拥有40个来自全球各地、从事青年创新工作的成员，他们建立了模块化的内容，制作出用户指南，使每一个当地的工作者都能运用和迭代"向上变革"的整套方法。这个团队创建了"最佳实践"的落地指南，从而帮助各地的团队建立合作关系、改进工作坊、激发人们参与并推动资金的募集。

　　在撰写本书时，"向上变革"已经在23个国家成功落地，并计划在另外15个国家铺开。比如，"向上变革"在约旦将难民营中大量的青年人作为目标客户，展开了活动。在越南，联合国儿童基金会与当地学校合作，建立起社会创新俱乐部，提升社会的包容性，并制订出解决气候问题的方案。在北马其顿，当地团队想要为被欺凌的受害者建立一个支持性社区，于是萌生了一个想法：创建一个"大声说出来"的移动应用程序。这个想法也为他们赢得了2万美元的奖金来推动落地。

行为4：灵活应对模糊性

　　每个早期阶段的创新想法都是一样的：它一部分正确，一部分错误。最难的是要知道哪一部分是正确的，哪一部分是错误的。优秀的创新者在信息不完整的情况下仍然能自信地行动，他们期待迭代，拥抱变化，擅长试验，也鼓励明智的冒险。创新者明白，创造价值的道路是曲折的，会经历失误和错误的步骤，也会经历被挫折感和失败感笼罩的时刻。具体来说，他们会做到以下几点：

- 更多关注假设而非答案。

- 持续发问："我们如何才能学更多？"

- 设计试验，从而了解更多关于关键假设的信息。

- 拥抱智慧型失败的结果。

"向上变革"项目旨在直接激励以上这些行为。这个项目本身基于以人为本的设计思维，或"黑客马拉松"的概念，即各个团队合作快速推进想法。相关内容和指南由联合国儿童基金会的中心小组（也就是前文描述的处在中心位置的创新团队）创建，用以帮助当地的联合国儿童基金会工作人员与合作伙伴一起设计和落地研讨会。在研讨会上，团队可以提出和试验各种想法，其目标是尽快让事情变得切实可行。让当地社区参与到解决方案的设计中，可以很快收集到对早期阶段想法的反馈，这有助于迭代，而迭代是创新之旅的重要组成部分。通常情况下，最有前景的想法会得到进一步的支持，而且有可能获得种子资金，但不论是否获得进一步的支持，每个参与者都能学到重要的新技能。

行为 5：充分赋能和授权[⊖]

如果你不开始"做"一些事情，你将永远不能"做出"创造价值的事情。也就是说，我们要充分发挥组织中成员们的主观能动性，每个人都积极地寻找和利用资源，并做出有底气的决策。能够赋能授权的创新者会做到以下几点：

- 展现出行动的姿态、主动的立场（以主动的姿态请求原谅，而不是请求允许）。

- 围绕创新工作的价值，梳理出一个清晰而有说服力的故事。

⊖ 这里的赋能授权（Empowerment）是商业术语，指授权给企业员工，赋予他们更多额外的权力。赋能授权运动起源于 20 世纪 20 年代现代管理学理论预言家玛丽·帕克·弗莱特的研究成果，最早在 20 世纪 50 年代日本企业中实现了赋能授权。——译者注

- 遇到不顺心的事情时，要大声说出来。
- 拥抱成长型心态，看到更多可能性，而不是只看到限制条件的固化心态。

在项目结束时，塞努尔的总结回顾也有力地证明了"向上变革"项目是如何实现赋能授权的："在'向上变革'团队有力的引导和成员们出色的协作下，'黄金手'获得了成功。我们社区的每个人都对这个结果感到惊讶。'黄金手'的尝试让我获得了'领导者'的称谓，这一开始吓到我了。似乎突然间，我不只是塞努尔，不再是一个街上普通的青年人，而是一个青年团队的领导者，带领着团队为社区组织活动，为改善人们的生活状况而努力。在'向上变革'团队的引导下，我开始接受领导者这个身份带来的自信。在这个项目之后，我回到了自己成长的社区，现在变得更加自信，有了更广的人际网络，有了管理项目的专业经验，也有了更强的工作欲望。"

建立创新文化的好处

创建和维护创新文化并不容易，但值得付出努力。既然你已经在读这本书，关于这一点你可能不需要被说服。但是，如果一个持怀疑态度的同事问："我们有这么多事情要忙，为什么还要追求这个呢？"其中的一个答案，可以通过一个简单的"思想实验"来验证。设想一下，如果你的组织更善于解决问题，找到了像我们在本章分享的这些聪明的解决方案，那将会是什么样子？

但如果你的同事更看重用数据说话，而不相信"思想实验"呢？关于创新文化的"大样本随机双盲对照试验"[⊖]还没有完成。部分原因在于，从

　⊖　大样本随机双盲对照试验，主要用于医学及其他学科。"随机分组对照"用来测试药物的有效性，而"双盲"是指被测病人和医生两方都不知道真假，从而排除安慰剂效应，让试验更为客观。——译者注

历史上看，人们甚至难以对创新文化的含义达成一致。但大量证据表明，创新文化具有强大的影响力。例如，在 2006 年的"最具创新力的公司"中，《彭博商业周刊》（*Bloomberg Businessweek*）引用了波士顿咨询公司的一项研究。该研究表明，创新能力高的公司股东总回报率比创新能力较弱的同行高出 4%。这种创新溢价在其他研究中也是成立的。例如，2019 年，Innosight 公司的一个顾问团队在麻省理工学院、Glassdoor（一个数据网站）和标准普尔 500 指数的研究中，比较了 100 家最具创新力的公司的股东总回报率。在 10 年间，创新型公司和一组可对照公司相比，享有 3.3% 的溢价。当然，我们无法证明两者的因果关系没有反向作用，即股东总回报率的提升让大众更加认识这家创新型公司。虽然有这种可能性，但是不能否认数据呈现的一致性具有很强的说服力。

你也可以看到，本章详细介绍的每种创新工作方式的优势都有数据支持。Adobe 的研究表明，培养好奇心和创造力，以及对现状的质疑，会使公司在收入增长方面跑赢同类型公司的可能性提高 3.5 倍。

"客户至上"的理念带来了对股价和员工的正向影响。2018 年，电子信息产业分析公司（Forrester）发布了两份关于"客户至上"的研究报告。第一份报告发现，通过提供良好的客户体验来彰显"客户至上"理念的公司，其股价往往呈现高增长。第二份报告（受 Adobe 委托）显示，在体验驱动型企业中，员工们更加快乐，其收入增长的速度比非体验驱动型企业快 35% 以上。

协作带来的正向影响甚至更为明显。2017 年《福布斯》（*Forbes*）的一篇文章称，企业生产力研究所（Institute for Corporate Productivity）和巴布森学院（Babson College）教授的一项联合研究发现，鼓励协作的企业比不鼓励协作的企业获得高绩效的可能性高出 5 倍。

有关"灵活应对模糊性"，近年来企业中也出现了一个流行趋势：利用敏捷开发来更好地应对模糊性。这背后也有充分的论证：贝恩咨询公司发现，敏捷开发的方法可以让项目风险降低 76%，同时让团队生产力提升 84%。哈佛商学院教授艾米·埃德蒙森（Amy Edmondson）长期以来一直在宣传"心理安全"和"失败安全的环境"对于企业的好处。而谷歌的研究则表明，心理安全团队的实际收入，能够超出其收入目标近 20%。

最后，对于赋能授权的价值也有相关研究。一项历时多年的研究分析了联邦人力资源调查 / 联邦雇员观点调查（Federal Human Capital Survey/ Federal Employee Viewpoint Survey）的数据，证实了人们普遍都相信，赋能员工并授权可以提高他们的绩效。盖洛普（Gallup，一个民意调查中心）对参与度的研究表明，授权会推动参与度，而参与度高的员工在收益率和生产效率上，分别比参与度低的员工高出 21% 和 20%。

我们希望，随着时间的推移，如果人们不断提高定义、量化和塑造创新文化的能力，更有说服力的证据将会出现，并继续支持我们对创新的"信念"：这是一场值得我们为之而战的战争。

章节小结

∵ 创新是"能创造价值的、与众不同的东西"。"东西"一词的模糊性提醒人们，创新不是少数人的工作，而是多数人的责任。创造价值这句话将创新与它的"前辈"，如创意和发明，有效地区分开来。

∵ 文化不仅是你看到的东西，而且是你做什么，如何做，以及为什么做。这意味着，X 的文化是人们认为 X 是有价值的，于是遵循那些具有常规性、重复性、能帮助他们实现 X 的行为模式。那么，创新文化就是一种能让创新行为自然而然发生的文化。

∵ 为了最大限度地提高成功的机会，优秀的创新者要拥有好奇心，遵循客户至上，寻求合作，灵活应对模糊性，并且能充分赋能和授权。

∴ 有充分的证据已经显示了创建创新文化的优势。其中最值得注意的是，创新能持续提升股东总回报率和团队绩效。

| 案例研究 |

救世军打造"创新大厨"

现代管理学之父彼得·德鲁克曾将救世军称为"迄今为止美国最有效的组织"。这是一个以信仰为基础的慈善组织，每年援助近2300万人。救世军也是美国接收捐款的第二大组织，每捐给它的1美元中，就有82美分用于帮助有需要的人，为他们提供服务⊖。救世军的使命是"以救世主的名义，无差别、无歧视地满足人类的需要"。

2001年9月11日，美国发生恐怖袭击事件后，38架飞机和7000名乘客发现自己被困在纽芬兰的一个小村庄甘德（Gander）。救世军与红十字会迅速动员，和甘德的市民一起行动，为滞留的乘客提供食物、衣服、住所以及慰藉。"在一周的时间里，我们什么都没做，只是在照顾人们的生活。对于应该在那里做什么，我们并没有非常详细的计划。那一段时间，我们只是凭借常识来组织和运作，"当时救世军的一位领导人说，"我们只是做了该做的事。"救世军的实践表明，在一个大型的、成熟的组织中可以存在创新文化，这种组织就是导言中所说的NO-DET。

1865年，牧师威廉·布斯（William Booth）和他的妻子凯瑟琳（Catherine）在伦敦创立了救世军，当时正值社会大分化时期，工业革命创造了巨大的财富，但同时也使得东部伦敦贫困百姓的生活状况愈加恶劣。布斯夫妇认

⊖ 一般来说，组织的效率比超过75美分，就被认为是非常好的。

为传统教会辜负了需要帮助的人，所以他们走上伦敦街头，为那些身无分文、无家可归、饥饿的人服务。

布斯夫妇始终致力于在人们需要的地方帮助他们，而不是以自我为中心来帮助他们。布斯夫妇设计的救世军服务于两个群体：一个群体是他们的服务对象，即贫困百姓，另一个则是为组织提供劳动和资源的志愿者和支持者。布斯夫妇设计了一个灵活、精简且"用户友好"的组织模型，使得这两个群体保持密切联系，而且能灵活适应不断变化的需求。

救世军给其任命的神职人员授以军事头衔（即称为"军官"），其职位和头衔以军事结构为蓝本。因此，救世军的"国际领导人"拥有"将军"的头衔，在美国（总部设在弗吉尼亚州的亚历山大市）的"国家级领导"则拥有"国家指挥官"的头衔。救世军将美国分为四个区域，每个区域由一名"区域指挥官"领导。美国的四个区域又分为39个师，每个师由一个师长领导。各师由当地的礼拜场所、服务中心，以及各种各样的专业化中心组成。救世军的故事重点发生在美国东部的区域，东部地区包括12个州和波多黎各及美属维尔京群岛。为了简单起见，我们在谈到整个组织时，会称之为"救世军"，而在谈到该地区具体的局部工作时，则会称之为"东部地区"。

东部地区创新行动的三个故事

救世军的最大优势之一在于其分散的组织结构。救世军在英国伦敦的国际总部和弗吉尼亚州亚历山大市的国家总部都是小型、精干的业务单元，主要负责在世界各地的分会之间建立联系。决策权一般下放至地方一级，每个分会都有权根据其社区的独特需求和情况做出相关决策。如有需要，分会也可以获得对应区域的指导或批准。这种组织结构培养了好奇心、客户至上和赋能授权这三种关键的创新行为。下面的三个故事紧扣第一章的主题，展示了**创新——能创造价值的、与众不同的东西**，是如何以多样的形式和不同的特征出现的。

　　第一个故事发生在东部地区的一个救世军中心。东部地区的三位总监〔IT总监里奇·格利（Rich Gulley）、部门IT总监戴夫·德鲁戈斯（Dave Dlugose）和东部地区创新部及遗产博物馆联合总监史蒂夫·布西（Steve Bussey）〕访问这个中心时，发现这个中心遇到一些问题。于是，格利和布西开始探索问题的来源，并对一线技术需求进行了沉浸式调查研究。他们了解到，尽管救世军有一个全国性热线电话可以用来捐赠物品，但很多捐赠电话还是打到了地方上，一些地方办事处每天要接60多个电话，让相关人员忙不过来。于是，德鲁戈斯制订了一个简单的、基于电话的解决方案："如果想捐赠，请按2。"这个方案快速解决了问题，地方办事处的捐赠电话量降为零，而全国热线电话则有效地确保捐赠品能被送到需要的人手中。该解决方案在整个新泽西州进行了试点，并在东部其他地区进行推广。一个简单的想法只要与实际问题相联系，并得到良好的执行，就能创造真正的价值。

＊　＊　＊

　　第二个故事发生在新罕布什尔州的曼彻斯特市。2017年，上尉迈克尔·哈珀（Mike Harper）和他的兵团助理丹·拉博西尔（Dan LaBossiere）想要找到一种合适的方式，能够与当地社区无家可归的流浪汉建立起持续的联系。他们在整理资料时，发现了1967年一份报告中的一张照片，照片中一名年轻军官在紧急情况下和特殊活动中使用了"移动饮料机"。于是，他们从照片中获得灵感，购买了现代化的饮料分发背包，在街头行走时背着背包，为无家可归者提供咖啡，从而与他们建立联系。他们称自己为"移动的乔伊"，是因为他们一开始是用背包来分发咖啡的，而"乔伊"是北美独有的对咖啡的别称[○]。就在这两名年轻军官在曼彻斯特做"移动的乔伊"之后不久，缅因州东部地区的一次活动邀请他们站上舞台，与

　　○　保罗和安迪觉得这个例子很奇怪，这让我们意识到"joe"作为咖啡的俚语，是北美独有的！我们最喜欢的评论员之一托马斯（我们会把他的姓氏写到之后的脚注中！）对这个绰号的回应是："这很有趣。在丹麦，我们会说，'我现在真的需要一杯热乎乎的保罗。（不，这不是真的。）'"

大约 1000 名同事分享了这个故事。两位军官分享了这个项目在技术和实践上的细节，并谈到了能够产生的个人影响。活动结束后，听众出来时说："其实我们也可以效仿。"像这样的活动是在整个救世军中传播创新想法的有力途径，活动充满了启发性，并且提供合作机会。布西指出，在这些活动中，经常会听到人们说："如果他们能做到，那么我也可以尝试着去做。"在过去，人们可能有某些尝试失败了，但是在活动中，他们看到了类似的尝试在其他地方成功了，并且知道了成功的原因。活动的目标是帮助组织成员们学会说："也许我可以重新审视这个想法。如果我学习他们的做法，也许能行得通。"

* * *

第三个故事是关于募捐时的支付问题的。当人们想到救世军时，首先想到的往往是圣诞节的敲钟人——那些站在商店外红水壶旁边为有需要的人募捐的人。如今，现金使用得越来越少，加上电子支付同步兴起，显然是对这种模式的挑战。因此，在克利夫兰（Cleveland）举行的救世军全国董事会会议上，一位董事会成员发起了一场苹果公司和救世军之间的对话，希望用苹果支付应用（Apple Pay）来进行一个试验。这位董事会成员问谁可能有兴趣进行这个试验，东部地区推进总监（Director of Advancement）查兹·沃森（Chaz Watson）举起了手。2018 年救世军在一些城市进行了一次试验：通过苹果和谷歌支付进行募捐。这次试验成功了，也推动了"用手机募捐"的功能在更多地方上线。

用你的手机捐赠

来源：救世军档案。

东部地区如何有意识地培养创新文化

这三个创新故事正好展现了五种创新行为。换句话说，东部地区已经显示了创新文化的诸多迹象：在这种文化氛围中，创新行为自然而然地发生。据我们所知，组织中没有人一觉醒来就说"让我们创造一种创新文化"，创新文化都是从组织独特的使命和结构中产生的。

但这样的文化也存在风险。一个不知道为什么在创新上取得成功的组织，可能会在无意识中改变一些行之有效的东西，或者错过推广、延续和改进这些有效措施的机会。一个是有意识培养创新文化的组织，另一个是偶然发现这种文化但不知道创新是如何发生的组织，布西借用烹饪的比喻来说明两者之间的区别。他说，这就像法国厨师和意大利祖母之间的区别，前者受过严格的烹饪技术培训，后者遵循自己的直觉，按照从父母和祖父母那里学到的东西去做。两位大厨都能烹制出美味的饭菜。受过训练的法国厨师可以自觉地意识到让饭菜变得美味的精确原料和步骤，他可以记录并分享这些技术。而意大利祖母则相信基于历史、经验和遗传的直觉，这使得其做法在记录、分享和教给他人时非常困难。

一个组织的优势往往决定了它的弱点。在东部地区，权力下放能够促进客户至上和赋能授权，但是权力分散化也会使这些经验难以传播和扩大成功案例的规模。因此，在过去几年中，东部地区做了几件事来加强创新文化。2012 年，东部地区成立了一个名为"救世工厂"（Salvation Factory）的小组，由史蒂夫·布西和莎伦·布西（Sharon Bussey）共同管理，以培养更多的"创新大厨"。救世工厂的宗旨与威廉·布斯的愿望一致，即"我们必须拥有各种新发明"。救世工厂的网站将其创新部描述为"想象馆，一个致力于激发和孕育创新性发明的空间。在这个空间里，创造性的想法可以从一个构思锻造成为现实，然后推广到救世军整个组织中使用"。救世工厂尤其聚焦于那些模糊不清的、尚且没有创造明确价值的新理念。这些理念都处于边缘地位，而救世工厂则为其搭建了组织结构、规划了战略方向以及提供了资源，从而推动这些理念的落地和发展。

两位布西，即史蒂夫·布西和莎伦·布西，以及他们的团队用可视化的故事和原型，将抽象的想法具体化，然后帮助这些想法落地。

2015 年创立的"出击点"（Strikepoint）资助项目是为了加强东部地区的影响力而启动的。据当时救世军北新英格兰师师长吉姆·拉博西尔（Jim LaBossiere）中校介绍，该计划的目的是"鼓励小赌注"。为新想法寻求资金的军官需要撰写一份说明书，包括需求描述、目标人群、预期结果、人员需求、时间表和预算。然后成立一个由法律、商业、财务、资产和创新等部门组成的"使命对齐委员会"，委员会将在部门和地区两个层面上审议这些新想法。负责监督该委员会的拉博西尔说："如果新想法是有吸引力的、可行的，并且与我们的使命相一致，我们就会去做。我们的目标不是阻止新的举措，而是激发它们，并确保依照合适的步骤推动。我们不会推出无法实施、无法维持，或者有损于使命的措施。"

例如，东部地区打击人口贩运方案的协调员杰米·曼尼拉基兹（Jamie Manirakiz）提出一项倡议，旨在集中力量解决人口贩运有关的问题。该倡议从最初每晚为一至两位妇女服务，发展为现在的全职救助中心：每天接待 100 多名妇女，与全市执法部门合作提供治疗性居住。明确跟踪新的"使命提案"有助于在整个东部地区传播和转化知识。例如，关注哪些项目获得了资金、如何获得资金，以及哪些项目成功了、哪些没有。在全国范围内，领导们线上接收每个人提出的"使命提案"的核心简介。他们可以看到共同点、挑战、资金缺口、尚未满足的需求和宏大的想法。然后，领导们会采取措施，赋予这些提案更多的创意和想法，引导他们通过创造性的过程来发现资源，确保资源得到有效利用，最终能够产生影响。"小规模的胜利会带来信心，也会带来更强的信念，让越来越多的人参与到这些类型的项目中，"拉博西尔说，"它让我们能够超越一些消极想法，比如'我们没有钱'或者'我们没有空间或时间'。忘掉所有这些。让我们想想那些惊人的可能性，看看这些可能性能带领我们去哪里。"

2019 年 8 月，救世工厂在纽约总部接管了东部地区博物馆。"这个博物馆将组织的共同记忆、文化建设、历史故事与创新空间融合在一起，"史蒂夫·布西说，"这给了我们一个机会，让它们之间的联系更加清晰可见，并对全球范围内的救世军产生更深远、更广阔的影响。"

博物馆中有一个名为"可视创新"（InnoVision）的展览设计，这也是救世工厂一个很好的例子，体现了救世军通过整合历史来鼓励合作和激发想法的精神。参与者在故事、视觉和互动展示的引导下，通过"英雄之旅"了解救世军历史上的创新事件，并从中受到启发，去达成类似的目标。这种类型的博物馆和体验方式可以用来纪念组织的过去，同时激发未来的创造力。

战 略 阴 影[⊖]

为什么对于大多数组织而言，内部创新都不能自然而然地发生？这并不是因为组织缺乏创新意识，一项又一项的调查结果显示，高管们认为创新是组织未来成功的关键，并且组织在这方面也没少花钱。不仅安排高管到硅谷拜访，也创建了特殊用途的孵化器[⊜]。它们也不缺乏尝试，过去20年许多大型组织已经用遍了所有的方法制订开放式创新计划、举办创新竞赛、给人们提供充裕的时间与充足的空间进行创新、设立公司风险投资基金等。

⊖ 作者认为组织现行战略的整套机制实际阻碍了创新的产生，就像战略的阴影或影子一样。——译者注

⊜ 我们在引言中提过我们最喜欢的评论家之一——卡尔·罗恩。卡尔是宝洁（Procter & Gamble）的前高管，现在也加入了旧金山的创业公司。在读完这句话之后，他写道："我经常跟人们说，旧金山有三个产业：旅游业、创新业，以及三者里面最大的'创新旅游业'。来参观创新标志性建筑后，我们深受启发，但事后依然不会做出任何改变。"这就是创新宣传！

词云：高管们感知到的创新阻碍

2017年6月，斯科特邀请了1000名消费品行业的高管人员，让他们回答一个简单的问题：用一个词描述你的组织所面临的创新挑战。"恐惧"一词是不可避免的，"惯性"也冒了出来。[一]这两个词让斯科特联想到两件事：一件是斯科特的儿子哈利（Harry）成长中遭遇的事，另一件是他自己在麦当劳和微软工作时面临的困难。这两件事说明组织中的"战略阴影"会让惰性制度化，同时扼杀创新。"战略阴影"已经成为组织创新面临的严峻考验。本章先详细介绍"战略阴影"这一核心问题，然后展开讲述星展银行如何在过去10年解决了这个问题并取得巨大进步的。

快乐的哈利与个体的束缚

斯科特八岁的儿子哈利很喜欢咯咯大笑，他留着一头短而直的头发，像刺猬的刺一样，而且常常会蹦出一些异想天开的话。斯科特来自美国，妻子乔安妮来自英国，哈利出生在新加坡，生日是2011年8月。但是，如果你问他来自哪里，他可能会说"火星"或"哈利兰蒂亚"（Harrylandia）[二]，"哈利兰蒂亚"是一片神话般的土地，而哈利就是这里的国王。哈利在学校

[一] 这个词云充分显示了"官僚主义"（bureaucracy）这个单词的拼写多么难。因为参与者还提交了"beauracrwcy""burocracy"和"beauaracracy"等词语（写法太相近了！）。

[二] Harrylandia，即哈利的王国，你会惊奇地发现那里到处是猪、西瓜和火山。这是完全属于哈利的国度，但是谁又知道呢！

的昵称是"快乐的哈利"。有一次，当老师让孩子们把自己画成一个超级英雄时，他并没有像别的孩子那样画出"钢铁侠"或"蜘蛛侠"，而是把自己画成了"创意队长"。

斯科特非常惊喜，但没多久住在新加坡的斯科特和他的妻子就收到了公寓管理协会的来信，信中描述了2016年关于"快乐的哈利"的"粉笔事件"："我们发现您的孩子使用多种材料破坏了多功能游戏场的地板，公共区域的摄像头拍下了孩子们的举动。破坏公有财产是不被允许的。"

尊敬的先生/女士
破坏公共财物

手写

请参考上述内容及我们在2016年10月18日的电话交谈。

我们发现您的孩子使用多种材料破坏了多功能游戏场的地板，公共区域的摄像头拍下了孩子们的举动。破坏公有财产是不被允许的。

破坏公共财物是不被允许的。最幸运的是，我们的清洁工已经成功去除了污渍。否则我们将向您索要赔偿。

请告知您的子女破坏公共财物的后果，根据《房屋条例》所述，如果居民或其客人对公共财产造成了损害，您都应负责承担管理人员因修理、替换或恢复被损坏公共财产所遭受的所有损失。

描述"快乐的哈利"的"粉笔事件"的信

哈利怎么会有胆量"破坏公有财产"？让我们回到那天。这是一个星期天下午，孩子们感到很无聊，于是问斯科特是否可以出去玩，然后用哈利的生日礼物——粉笔，在篮球场上画出了一个棒球场的内野。斯科特不仅"批准"了孩子们的请求，而且如果摄像头的录像片段更高清一些，你也会在某个片段中看到他的身影。这封信接着说："最幸运的是，我们的清洁工已经成功去除了污渍。"事实上，这句话半对半错，污渍确实被去除了，但并不是由于清洁工的打扫，而是因为周日午后一场新加坡典型的暴雨。

新加坡的公寓管理者，只是照着他们认为应该做的去做了。在给斯科特写这封信时，他们引用了类似零容忍的"破窗理论"。[○]如果哈利用的是喷漆，或者写的是带有宗教元素、冒犯人的东西，这种严厉的警告是完全可以理解的。但这些情况跟孩子们用粉笔去表达自我，是截然不同的两回事。

人类刚出生的时候，天生就拥有好奇心和创造力。这也是为什么幼儿园毕业生在"棉花糖挑战"中通常胜过刚毕业的工商管理硕士生的原因。"棉花糖挑战"是一个定时竞赛，被测试者要用意大利面条、胶带和细绳，尽可能高地搭建出一个"建筑物"，然后能在顶上放一颗棉花糖并确保不会倒。但是"快乐的哈利"从这封信中学到了什么教训呢？——创造性的表达，哪怕是善意的，都会带来风险。随着哈利的成长，"教训"还在不断加强：学校告诉他，每个问题都有正确答案和错误答案；进入一个组织后，做任何事都有正确方法和错误方法，答案比问题更重要，如果目标实现，就会得到奖励；而如果尝试失败，则会受到惩罚。如果任由哈利在这样的环境下成长，他天生的好奇心就会被抑制，继而产生恐惧或心理学文献所说的"习得性无助"，最后抑制个人的创新。

黑暗中的危险

想象一下，哈利长大后在一个大型组织里工作。每天他出门前照镜子，对着镜中的自己说："你知道吗，我不需要爸爸告诉我创新很好。小时候

○　破窗理论认为环境中的不良现象如果被放任，会诱使人们效仿，甚至变本加厉；相反，如果能改变小的不良事件，譬如人们打碎车窗或者逃票的行为，将能改变社会的整体氛围，并有效防止大型危险事件的发生。

的证据很有说服力，已经证明了我可以创新。"他下定决心，克服自己的恐惧，再次尝试把"快乐的哈利"释放出来。但是，他将不得不面对一个最基本的挑战：现在他的创新能力已经减弱了，需要加强。通过有意识的练习很容易提升创新能力，但这还不够，因为长大后的"快乐的哈利"面临着另一个更邪恶的敌人：战略阴影，而且战略阴影还会把组织惰性制度化。让我们把注意力从"哈利兰蒂亚"的故事上收回来，来到金拱门[⊖]（Golden Arches）看一个鲜为人知的故事。

为什么戴夫·霍夫曼（Dave Hoffmann）无法得到香蕉

2014 年，斯科特、安迪[⊜]与戴夫·霍夫曼展开了一场关于麦当劳（McDonald's）创新的交谈。当时，霍夫曼在这家快餐巨头企业里负责亚太、中东与非洲地区的业务。[⊜]也就是说，霍夫曼管理着近 10 000 家门店，产生约 200 亿美元的年收入。像麦当劳的很多高层领导一样，霍夫曼也在这家企业工作了数十年。

1993 年，一个墨尔本的麦当劳特许经营加盟商开发了一个新概念，起名为麦咖啡（McCafé）。麦咖啡提供高质量的基于浓缩咖啡的饮料、水果奶昔和烘焙食品，价格大幅低于星巴克或咖世家（CostaCoffee，2018 年被可口可乐收购）。麦咖啡的概念已经在整个澳大利亚推广开来，现在麦当劳全球门店都已经有麦咖啡了。从各个方面来看，麦咖啡都取得了惊人的成功。然而有些事情始终困扰着霍夫曼，他说："我一直想在麦当劳店里卖香蕉，但从来没有实现。"

你这时可能会想："香蕉？谁在乎香蕉？"但是，我们所有人都遭遇过这种情况，想推动我们自己版本的"香蕉"，也就是创新的念头，但是都被

⊖ 2017 年 10 月 12 日，麦当劳中国总部的企业名称变更为"金拱门（中国）有限公司"。——译者注

⊜ 安迪·帕克（Andy Parker）是本书的作者之一。

⊜ 霍夫曼于 2016 年加入唐恩都乐品牌（Dunkin's Brands），并于 2018 年成为其首席执行官。

扼杀了。更重要的是，我们要理解不能卖"香蕉"背后的原因。

想象这样的场景。霍夫曼在高层管理会议上提出了他的要求，然后，会议记录发到了整个企业，放在负责麦咖啡菜单与运营的中层经理桌上。再想象一下，这位中层经理已经完成了年度预算的流程，在这个时间点，新口味的饮料和蛋糕看起来比香蕉更具吸引力。于是他考虑怎么把香蕉塞进去。但是，很快他又重新回顾了自己在年初设立的目标，其中，关键的一个目标是减少6%的食物浪费。香蕉极易腐烂，如果把香蕉加到菜单里，就会阻碍他达成这个目标。这个中层经理已经工作了18个月，即将面临一次晋升机会。而且以往的经验告诉他，任何预算之外的请求，都必须经过一个由中层管理者组成的委员会的审查，这些中层经理都跟他一样，面对一整套详细的激励措施。至于霍夫曼，现在他"恰好"开始专注于处理最新冒出来的供应链与公共关系问题。时间过得飞快。几个月过去了，霍夫曼想起来问道："我们店里为什么还是没有卖香蕉？"

在这个故事中（这是一个带有一些想象成分的故事，我们并不确定上面具体的讨论细节和心理活动是否真的发生过），并不是官僚主义或过度风险规避扼杀了霍夫曼的香蕉，只是因为底层系统决定了如何分配资源。公司的核心机制倾向于直接优化当前业务模型，"香蕉"或类似的想法最终会走向消亡。

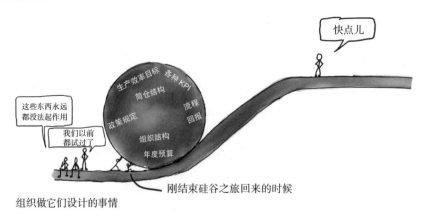

为什么企业文化会让战略失效

让我们再进一步思考。

想象一下，一家实力雄厚的公司 A 发现了一个巨量增长的潜在机会，手腕强硬的首席执行官在董事会的全力支持下，宣布这是一个战略方向，公司 A 将积极分配资源以把握住这次机会。但是，尽管首席执行官有明确的战略重点和资源配置，最终还是败给了一家创业公司，即使这家创业公司看上去缺乏公司 A 的所有优势。

这就是 20 世纪初微软遭遇的情况。当时，微软正在开发一个解决方案，跟谷歌的广告模型异常相似，谷歌把这个广告模型称为"关键词广告"（AdWords），这也是谷歌成功的秘诀。在过去的 20 年中，关键词广告让企业可以"购买"某些特定的关键词，然后链接到自己的广告上。购买这些关键词的企业只有在有人实际点击广告时才需要向谷歌付款。正如罗伯特·A. 古斯（Robert A. Guth）在 2009 年《华尔街日报》（*Wall Street Journal*）上一篇精彩的文章中所描述的那样："微软败于谷歌是历史的必然。"并非任何个人的决策导致微软的努力付之东流，而是一系列微妙的决策导致了微软的失败。例如，微软想要在 MSN（微软曾经的即时通信网站）门户上测试基于搜索的广告。但是，门户网站的业务负责人担心这样的广告太吸引用户的注意力，会使用户看不到横幅广告，而横幅广告是微软的重要收入来源，创造了丰厚利润，所以业务负责人为了维持高利润，就倾向于把搜索结果"藏起来"，让用户难以发现。这就导致新业务搜索的测试结果并不好，所以微软不断降低搜索的优先级，创新也就无疾而终了。

有点讽刺的是，创新的敌人并不是对创新的恶意，大大小小的创新在内部面临的敌人都是同一个：过去的成功。成功的组织通过反复解决问题而变得成功，而且因为更加有效地解决了这些问题而不断扩张。接着，公司员工养成了解决问题相关的所有习惯，但形成这些习惯的理由却消失在各种假设中，没有解释，只剩下简单粗暴的一句："这就是我们在这里做事的方式。"标准的操作程序、绩效管理系统、操作指标等都在持续加强习惯的力量。

在一个稳定的世界里，系统和机制不断强化习惯，使习惯根深蒂固。习惯本身也成为企业扩张力量的来源。但是，我们身处一个瞬息万变的世界，技术不断发展，各行各业之间的界限变得模糊，盲目地遵守这些习惯可能是有害的，因为惯性的制度化阻碍了必要的变革。这是追求创新文化的领导者所面临的根本悖论和本质挑战：能在当前模式中取得成功的系统，会不断强化一套行为体系，但这套行为体系并不能适应未来。正如一位高管打趣说："我们的目标就是为了交付可预测的、可靠的结果，而这正是问题所在。"

战略阴影就是"企业文化让战略失效"的原因。正如"资源基础论"领域的学者所指出的那样，战略并不是看你怎么说，而是看你实际上怎么做。[○]在 2005 年出版的《从资源分配到战略》（*From Resource Allocation to Strategy*）一书中，哈佛商学院教授约瑟夫·鲍尔（Joseph Bower）和 Innosight 的长期顾问克拉克·吉尔伯特（Clark Gilbert）指出："公司的战略不只是公司文件或书面计划中陈述的战略声明，而且是所有实际承诺的集合，以及其与公司已经实现的战略的关系。"

简单来说，你的战略包括：

- 营销团队本质上在营销什么。
- 工程团队本质上在做什么工程。
- 销售团队本质上在销售什么。
- 产品团队本质上在打造什么。

○ "资源基础论"是对企业存在的一种解释，它强调企业拥有不同的有形和无形的资源，这决定了企业竞争的基础。——译者注

- 财务团队融到什么资金。
- 人力资源如何衡量绩效。

所有这些事情的优化都是为了让今天变得更好，但却阻碍了明天的发展。

几年前，Innosight 调研了近千名高管，但是只有 12% 的受访者表示他们有五年以上的增长战略。更多的高管表示"我们忙于执行"（36%）或"我们没有制定战略的流程"（25%）。这些高管所在的公司绝对有一个长期战略：继续做它们目前正在做的事情。"战略阴影"悄悄地牵引着公司走上一条永不改变的道路，即使环境已经要求它们做出巨大改变。

总而言之，组织完全是在做它们被设计去做的事情，不断地执行一个已知的、经过验证的模式。想象一下，即使一位领导者突破了"快乐的哈利"故事中描述的个人桎梏她梦想成为一个创新的超级英雄，为组织带来创新的所有好处。但是她必须面对现实，而她最大的敌人是自己的组织。领导者必须与组织制度上的桎梏做斗争：战略、运营指标、流程、绩效激励和决策标准都交织在一起，促使组织做它目前正在做的事情，只是为了做得更好、更快、更便宜，而不是为了产生实质性的改变和创新。

哥伦比亚大学教授丽塔·G. 麦格拉思在《转角处见》（*Seeing Around Corners*）一书中指出，这个问题我们不能责怪任何人，只能责怪我们自己。麦格拉思描述了为一家大型跨国公司举办研讨会的难忘经历。她要求参与者列出他们组织中阻碍创新的障碍。参与者提供了一连串寻常的回答，如"管理层希望在短期内取得成功""缺乏对客户的关注""害怕失败""害怕吞噬我们成功的业务""没有对创新 / 增长项目的职业激励"等。

以下是麦格拉思对这些回答的看法：

我问他们："这些创新的障碍有什么共同点？"一阵沉默之后，大家豁然开朗：其实每一个新的障碍，都源于内部施加的制约。每个人都在保护现有业务，更准确地说，是在阻止创新所代表的"破坏"的发生。然而，如果我们能有意识地下定决心，这些制约因素都可以被解决，阻碍可以被移开。毕竟，上帝并没有从天而降，宣告："这里应该出现筒仓[⊖]（silot）！"

正如流程改进大师 W. 爱德华·戴明 (W.Edwards Deming) 所指出的那样，每个系统都是为了得到它所得到的结果而完美设计的。要打破这种制度化的惯性，就必须与"战略阴影"做斗争。

"战略阴影"是可以被打败的，"不可移动的组织"[⊜]可以变得敏捷和创新。在案例研究中，我们回到新加坡哈利的家中，看看一个组织是如何做的。

章节小结

∵ 人类刚出生的时候，天生就有好奇心和创造力。我们每个人都曾经是"快乐的哈利"。

∵ 然而，学校和工作扼制了这些本能，导致创新的"肌肉萎缩"。

∵ 组织的设计是为了把目前正在做的事情做得更好、更快或更便宜。因此，打破自我约束的个人必须与"战略阴影"做斗争，"战略阴影"会通过强化系统、结构、战略、规范等方式使组织惰性制度化。

⊖ 筒仓原指装谷物的、挨得很近但相互隔离的谷仓，用来比喻组织内部各个部门看似挨得很近，但其实完全隔离、内部信息不通的情况，也称"谷仓效应"。——译者注

⊜ "不可移动的组织"是保罗的一句话。来做个思想实验：如果要你有意识地创建一个永不改变的组织，你会怎么去做？你想象中的组织与你实际的组织有多少重合之处？

| 案 例 研 究 |

从"慢得要死"到世界上最好的银行

保罗清楚地记得，2009 年他到星展银行上班的第一天，当他跟出租车司机说去星展银行时，司机说："哎哟，星展银行简直慢得要死。"司机指的是那些总围着银行自动提款机（ATM）的臭名昭著的长队。同年，斯科特准备搬到新加坡时，四处打听应该用哪家银行，没有人建议星展银行。事实上，在客户满意度评分中，星展银行在新加坡排名第五，排在本地企业大华银行（UOB）和华侨银行（OCBC）以及全球巨头汇丰银行（HSBC）和花旗银行（Citi）的后面。

现在我们来到 2016 年，星展银行被《欧洲货币》（*Euromoney*）评为全球最佳数字银行，《欧洲货币》指出："事实证明，数字创新渗透在星展银行的每一个环节。"而到了 2019 年，星展成为第一家同时拥有"年度最佳银行"（《银行家》）、"世界上最好的银行"（《环球金融》）、"全球最佳银行"（《欧洲货币》）等称号的银行。

这些变化是如何发生的呢？很大程度上是由于大家齐心协力、团结一致地创造出了一种创新文化。这些努力已经在很多方面得到了回报。其中，客户满意度评分从行业落后变成了行业领先；重新设计后的服务创新为客户节省了 2.5 亿小时；印度和印度尼西亚的数字专属服务让新客户无须到分行开户，在线上几分钟就能创建账户。

星展银行的成功始于 2009 年，当时高博德（Piyush Gupta）接任 CEO。高博德的经验非常丰富，一方面是在花旗银行长期积累的丰富行业经验，另一方面是他在 21 世纪初执掌 Go4i.com 这家创业公司（虽然失败了）的经验。高博德成为星展银行首席执行官的时间点，对于全球金融服务业而言是一个有趣的时刻，当时世界上大多数银行都在处理 2007 年—2008 年全球金融危机的后遗症。虽然一些亚洲银行受的影响相对小，但很明显，由于阿里巴巴、腾讯和亚马逊等非传统竞争者的迅速崛起，以及数字化、加密货币、机器人顾问和点对点融资平台等技术的推动，更多的变革即将到来。高博德和他的团队一致认为，星展银行必须转型。

像一个有着28 000人的创业公司那样行事

星展银行的关键变化，在于其重新定位了竞争版图。它不再与华侨银行或大华银行等总部在新加坡的银行相比，不再与澳新银行（ANZ）等大型地区性银行相比，它也不再与摩根大通（JP Morgan Chase）或汇丰这样的全球巨头相比，甚至不再与西班牙外换银行（BBVA）和荷兰商业银行（ING）这样小型但灵活的全球银行相比。科技变革意味着星展银行不能再继续做一家侧重于监管合规的银行，而应该成为一家偏重创业和创新的科技公司。因此，它决定开始将自己与谷歌（Google）、亚马逊（Amazon）、奈飞（Netflix）、苹果（Apple）、领英（LinkedIn，后来被微软收购）和脸书（Facebook）放在一起，进行比较。这些公司并不是随便选择的。如果把星展银行（DBS）的首字母"D"放在以上几个公司首字母中，这7家公司就形成了新的首字母缩写组合：GANDALF（甘道夫），即J.R.R-托尔金（J. R. R. Tolkien）的《指环王》系列中的长胡子巫师。"巫师甘道夫"和"28 000人的创业公司"的运作方式一起，形成了一个意味深长的隐喻，象征着星展银行的未来目标，而且与其转型之初的状态形成了强烈的对比。

方向的变化推动了星展银行内部的两个核心转变。第一个转变与技术有关。星展银行做出了一个战略决策——将技术业务自有化，从而对自身数字化转型有更大的掌控力。2009年，星展银行的IT业务几乎都是外包的；但到2017年年底，它控制了85%的自有IT业务，还将2/3的应用程序转移到云端以提高灵活性。

第二个转变与本书的重点有关，就是鼓励特定的行为，这是真正关键的转变，因为技术不能直接带来转型，只有技术专家和商业人士改变他们自身的工作方式时，转型才会发生。因此，在经过一系列尝试和错误试验之后，星展银行定义了"28 000人的初创公司"的五种期望行为。巧合的是，这五种行为与第一章中定义的五种行为有交集。

- **敏捷**。为了适应变化，更快地前进，星展银行需要全力以赴地嵌入敏捷原则，以便获得快速的反馈。
- **成为一个学习型组织**。作为一家有志于成为数字化公司的传统公司，星展银行有一座学习的大山需要攀登。星展银行的技术人员需要学习云计算和自动化，从根本上颠覆以往的技术；业务人员也需要精通技术；领导层需要学习新的决策方法，以及如何培养员工的好奇心。
- **客户至上**。没有人早上醒来就说："今天真是个办银行业务的好日子——我们都去银行吧。"所以，银行业务通常是更广泛的客户需求的一部分，星展银行必须学会深入挖掘客户的需求。
- **数据驱动**。星展银行必须掌握数据分析的技术，并拥抱人工智能，从"根据收入最高的人的意见来做决定"的HIPPO模式[⊖]，转变为基于数据进行决策的模式。
- **试验并承担风险**。试验是快速获得数据从而测试新想法是否能满足客户需求的最佳途径。否则，很容易又回到过去的做法：管理者们往往以名誉为代价，才能发展出大型成功商业案例。

下面的故事描述了这五种行为的实际情况，展示了星展银行如何通过创新进入新的市场、节省客户的时间，同时让家庭更安全。

打入新市场

历史上星展银行的大本营，自然是新加坡。在新加坡，星展银行是毋

⊖ HIPPO, the highest paid person's opinion.

庸置疑的市场领导者。从 20 世纪 80 年代到 90 年代，星展银行通过向其他区域市场（如印度尼西亚）扩张，成为一家区域银行。2013 年，它开始将目光投向印度市场，当时星展银行在印度市场的规模很小，只有不到 2 万名客户。星展银行如何才能大幅扩张？市场的巨大规模和复杂性意味着星展银行必须出奇制胜。在这种情况下，星展银行没有考虑大规模投资基础建设，而想到了"数据为先"的策略：在不需要大量投资的情况下，相对高速地扩大规模。于是，它成立了专门的团队来设计新产品。该团队设定了一个目标：创造一个只提供移动服务的产品，允许客户在 90 秒内开立账户，而且不需要去银行网点。这个目标需要星展银行创造性地思考如何与本地组织合作，比如当地领先的连锁咖啡店——"咖啡日"（Café Coffee Day）。

星展银行在 2015 年试行移动服务产品，并在 2017 年正式推出。两年内，它吸引了 200 万名客户。当然，在一个拥有超过 10 亿人口的国家，这仍然是一个相对小的数字，但这一创新产品让星展银行在印度站稳了脚跟，也奠定了它向全球其他市场扩张的基础。而且，这个产品还帮助星展银行流畅地使用数据。2017 年，它推出了全球最大的银行应用协议接口（API），合作伙伴可以通过该接将口将星展银行的功能整合到它们自己的系统中，用户几乎感觉不到变化。到 2018 年年末，星展银行已经证明数字客户的利润至少是传统客户的两倍，这一结论为进一步增长和扩张奠定了基础。

缩短排队时间，为客户节省数百万小时

在转型的过程中，星展银行不断扩张自己的"野心"。在立下成为"全球最佳银行"的雄心壮志之前，它的目标是成为亚洲领先的银行。如何才能做到这一点呢？它的答案是，让银行业务充满快乐。那要如何让银行业务变得快乐呢？答案是，让银行从人们的生活中"消失"。"消失"的意思

是让星展银行成为世界上第一家"隐形银行",同时还能提供高质量的服务。因此,它设定了一个新的指标:"客户小时",即用来衡量客户等待银行完成任务的总时间。星展银行设计并执行了250项流程改进策略,以消除系统中的操作性消耗和浪费。这些改进最终节省了超过2.5亿个"客户小时",使星展银行的客户满意度评分从最低点一跃上升到最高点。

如今,星展银行拥有全球最繁忙的自动提款机网络。它如何缩短了"慢得要死"的自动提款机排队时间呢?⊖方法是,将细致入微的客户服务与精准的数据分析相结合,从而找出可改进的地方。这中间有些变化是消费者看不到的。例如,数据分析可以帮助预测自动提款机何时会用完现金,从而优化补给路线。预测分析还有助于找到机械故障的原因,方便维修。究竟是什么导致了自动提款机的故障呢?这背后的原因令人惊讶:一旦自动提款机靠近卖鲜肉和鱼等潮湿的地方,就容易发生故障。其他一些变化则集中在客户体验上。例如,许多客户会等着打印收据,但事实证明,他们其实并不想要收据——他们只是想知道自己的余额。因此,星展银行增加了一项功能,让客户可以在屏幕上看到自己的余额。它还必须考虑何时以及如何显示该余额。结果发现,相当多的客户,尤其是男性,都把卡忘在了机器里。在仔细观察客户行为后发现,显示余额和"请取卡"的信息同时存在会让一些客户不知所措。于是,星展银行将余额信息与"请取卡"信息分开,试验了信息与取卡之间不同的时间间隔,并增加了提示客户取卡的警示声。同时,星展银行还让手机客户可以方便快速地看到自己的余额,这样他们就不需要排队使用自动提款机了。

另一项改进主要涉及星展银行如何处理信用卡遗失的问题。在过去,当客户报告信用卡丢失时,星展银行需要五天时间才能重新发卡,现在它

⊖ 排长队不完全是星展银行的错。新加坡人喜欢用现金,一台典型的自动取款机每月约有5000笔交易,而在新加坡,平均每月就有10000笔交易。世界上使用频率最高的自动提款机就在新加坡。

统一设定为一天。星展银行认为，加快周转时间不仅可以提高客户满意度，而且可以让客户尽快使用信用卡。在实现了一天的目标后，星展银行给一位客户打电话说："女士，您觉得一天之内拿回信用卡怎么样？"保罗认为，这个客户的回答再次改变了历史。"很好，非常感谢你。"她说，"可是我的借记卡呢？我不只丢了信用卡，还在商场里丢了手提包和所有的卡。"这个回答可以看出，虽然由内而外的视角对于创新有好处，但由外而内的视角往往能发现更多创新点。"焦点研究"改变了呼叫中心的客服在客户报失时使用的话术，与其问一些认证问题让客户觉得自己是犯罪分子，不如表现出更多的同理心，并提供有用的信息。于是，客户的满意程度直线上升。

开发"智能伙伴"（SmartBuddy）

随着转型不断深入，星展银行也开始尝试使用不同的工具、方法和词汇来推动流程改进、优化客户体验，以及促进创新。例如，为了应对员工无法理解当地方言的问题，星展银行从英国设计委员会（UK Design Council）借鉴了一个被称为 4D（或"双钻"）的模型。4D 模型有四个阶段：Discover（即发现，确定要解决的问题）、Define（即定义，详细说明问题的具体内容）、Develop（即开发，形成原型并迭代解决方案）、Deliver（即交付，最终确定并发布想法）。⊖在 2016 年的一次领导力培训中，星展银行花了一整天时间对领导层进行 4D 模型相关概念的培训。过去领导们都是根据经验或直觉来设计解决方案的，这种训练教会他们"沉浸在问题中"，从而发现完成任务所需要的情感、社交和功能上"应该做的事"，然后尝试不同的解决方案。

一个相关的案例是星展银行与新加坡教育部的合作，其目的是消除公立学校对现金交易的需求，这个项目也展示了这种"沉浸在问题中"的方

⊖ 在这里我们种下一颗小种子，这个模型很好地映射了本书第二部分所描述的创新之旅的四个阶段。

法。星展银行开发了一个允许无现金交易的腕带产品，这个产品内置了一个 app，这个 app 允许家长为孩子提供补贴或设定储蓄目标。这个名为"智能伙伴"的解决方案还允许孩子将钱转入自己的储蓄账户。当星展银行进一步"沉浸在问题中"时，它又发现了一个与之相关的问题：对于孩子们上学和放学回家的安全问题，家长们总是很担忧。基于这一洞察，星展银行在 app 中增加了一项功能：孩子们可以在校车阅读器上轻触腕带，然后家长就会收到通知。"智能伙伴"随后在新加坡的 30 多所学校里推广应用。

促进创新

前文我们提及的只提供数字银行服务的创新方案，更短的自动取款机排队线，以及能帮助父母感到安全的无现金解决方案，都展示了星展银行的创新能力。或者简单来说，它们展示了创新"是什么"。让我们回到故事的开头，用接下来的两个例子解决"怎么做"的问题。

将 MOJO 带入会议[⊖]

2016 年，星展银行的高层领导齐聚新加坡，谈论银行的现状和未来。所有人都认为，虽然现阶段取得了进步，但仍有许多工作要做。他们发现公司会议的"功能失调"让组织的惰性根深蒂固，阻碍了银行的创新。可以说，星展银行的大多数会议都效率低下。会议常常开始得很晚，占用了领导层本可用于创新的时间。有些会议能做出一些决策，而有些会议则无疾而终。人们会乖乖地来到这里，却不清楚自己为什么会在这里。有些参与者很积极，但更多人却保持沉默。最严重的问题是这些会议压制了不同的声音，固化了现状。

⊖ 我们不能给图片做脚注，但你会注意到与本节相关的小插图。每当深入描述一个 BEAN 时，保罗都会涂鸦一张与之相关的图片。在后面的章节中，你会看到更多的图片（没有标题，因为这似乎有违初衷），你也可以在 www.eatsleepinnovate.com 找到 BEAN 的所有细节。

为了纠正这些坏习惯,星展银行推出了一个名为"MOJO"的项目。谷歌的一份研究结果表明,平等的话语权和心理的安全感对于高绩效和高水平的创新项目团队至关重要。基于这份研究,"MOJO"项目倡导高效、开放、协作的会议。MO(meeting owner)指的是会议的主持者,他负责确保会议有明确的议程,按时开始和结束,并给予所有与会者平等的发言权。JO(joyful observer)指的是快乐的观察者,帮助会议顺利进行并鼓励大家广泛参与。例如,JO有权发起"叠手机游戏",要求所有与会者把手机堆在桌子上,提高大家的专注度和参与度。而最重要的是,在会议结束时,JO要对MO负责,针对会议的进展以及MO应该如何改进提供坦诚的反馈。即使JO是初级员工,他或她也被明确授权可以与MO直接对话。因为JO的存在,MO意识到每次会议结束时都会有反馈,也会更注意会议中的行为。

会议室中也会提供一些实物便于提醒和辅助,比如小卡片、墙上挂的艺术品、可以在房间里扔来扔去的纸质立方体,以及一系列测量和跟踪工具。关于会议的创新举措已经产生了巨大影响力。到2019年,星展银行的会议不再冗长,为员工节省了大量时间。员工调查也显示,会议效率翻了一倍;认为自己在会议中拥有平等发言权的员工比例,从40%跃升至90%。同时,效率的提高和效果的改善并没有让会议变得沉闷。JO们甚至会以诗句的形式进行反馈。而一些"传说"也在全公司流传开:在某次会议上,JO勇敢地告诉一位失去冷静的高级主管,由于他的情绪"爆炸",

会议的所有讨论都中止了。这位高管对反馈表示接受，并承诺下次会改进。这个"传说"至今仍在流传，星展银行希望通过 MOJO 项目推动变革的行为，也得到强化。

不创新的创新团队

人们很自然地以为，是一个集中化的创新团队推动了星展银行的一系列创新。创新的确发生了，但其实是通过一种意料之外的方式。在首席执行官高博德执掌星展银行的早期阶段，他基于星展银行在亚洲的地位以及对亚洲市场的了解，制定了一项使星展银行与众不同的战略。这一战略的基础是五大支柱：亚洲的服务、亚洲的连通、亚洲的关系、亚洲的洞察、亚洲的创新。在这五大支柱中，创新是最具挑战性的。刚开始，星展银行也经历了一些错误的尝试。比如，第一次的创新会议召集了内部高级人才，请他们在研讨会上提出想法。与此同时，星展银行也成立了一个创新专家咨询委员会来监督相关工作的落地。然而，研讨会的方式下产生的结果，并不令人满意，创新专家咨询委员会成员的专业知识过深、过窄，难以有效地帮助制定创新战略。

于是，星展银行尝试了另一种方法：聘用一位新的创新负责人，成立了一个小团队，聚焦可能具有突破性的项目。然而，这个新团队很难向公司其他成员推广想法。这种挑战在组织内部很常见：组织引进在其他公司有创新经验的人，让他们与大部队"隔离"，并期望他们能施展"魔法"，但往往并不能实现神奇的效果。在星展银行的案例中，这些潜在的"魔术师"不能在星展银行核心团队中游刃有余，因此他们无法将星展银行的核心资源和能力整合到他们的想法中。对于像银行业这样受监管的行业，聪明的整合是至关重要的，因为其产品需要符合相应的法规，并被纳入复杂的系统中。

这时，五大支柱之一"亚洲的服务"采取了一种非常包容的方法，并且取得了成功。公司鼓励每个人都参与到创新中，因此变革的热情在公司里蔓延。于是星展银行决定，创新的组合方法应该与客户体验的项目一致，客户体验的项目由保罗领导。

保罗给创新团队定下一条规矩：在任何情况下，团队都不能独自创新。为什么这么说呢？因为创新团队应该由传道者、鼓吹者、教练和引导者组成，以教会整个公司创新。

过去，许多星展银行的员工，尤其是领导层，认为创新是创意类型的特殊能力，不能指望普通银行家进行创新。为了改变这种观点，星展银行创新团队开展了一些项目，向员工教授创新的过程。这些项目的第一个重点是帮助领导者们体验，用创业公司的速度工作是什么感觉。创新团队与人力资源学习团队合作，开发了一系列不超过一周的活动，其中包括为期三天的"数字概念"培训。这个培训之后是48小时的"黑客马拉松"，高管们与真正的初创公司合作，共同解决实际业务问题。高管们开发出工作原型，并在最后一天下午向CEO演示。

"不创新的创新团队"，在提升组织整体创新能力的使命上取得了长足的进步，帮助星展银行实现了它的战略目标，即成为一家拥有28 000人的创业公司，并且让代表星展银行的"D"更合情理地放入创新联盟"甘道夫"中。

应对危机

最后，星展银行的创新能力也帮助它应对新冠疫情。而有点让人意外的是，在新冠疫情期间，星展银行的创新能力也得到了加强。

2003年—2004年非典暴发之后，新加坡要求所有公司制定"业务连续性"计划。2020年2月初，新加坡政府将内部监控系统转为"橙色"，要求各公司在规定的时间里限制在办公室的员工人数；2020年4月，新加坡政府执行"防疫阻断措施"，强制要求除了重要员工外的所有员工在家工作。星展银行迅速行动起来，在全行范围内执行这项措施，让工作方式的过渡尽量平稳。

优秀的创新者力求感同身受地理解他们的客户。在这种情况下，运营团队很快就发现了新的挑战，比如，首先，缺乏"源于感觉的记忆"，员工无法将特定的会议室与特定的会议联系在一起；其次，因为大家都远程办公，失去了平时办公场所中的"饮水机闲聊"，也就是说，非正式的信息传播需要找到新的代替品；团队还注意到一些让人想不到的、来自员工的意见，比如人们不愿意打开摄像头，因为他们觉得要露出自己的家有些尴尬，有的人觉得经理要求他们打开摄像头意味着不信任，而非建立更多的人际联系。

于是，一项名为"柠檬水"的项目开展起来，目的是迅速开发出工具和方法来帮助解决这些问题，并实现虚拟空间的连接和协作。该项目既包括"硬性"问题，如测试各种技术平台；也包括"软性"问题，如确定视频会议简单的礼仪规则，确定有效地使用聊天功能来传递关键信息，以及回答简单的问题，否则，这些出现的问题可能使讨论脱轨。

以上这些都有助于加速核心工作行为的转变：敏捷的工作实操，如团队成员每天的碰头会很快成为标准做法；高层领导亲身经历了数字技术不足的痛苦，这有助于加快对关键数字化技术升级的投资；同时，更广泛地使用反馈工具，也帮助星展银行在决策中更注重数据驱动。早期的数据显示，人们在会议中的行为有了明显的改善，合作程度更高，情绪化的行为更少。

虽然在编写本书时，新冠疫情的持久影响仍存在很大的不确定性，但星展银行创新能力的加强使其能够更好地定位自身，星展银行不仅能够快速适应重大变化，而且能够先于这些重大变化而做出调整。

* * *

你注意到 MOJO 了吗？它自然引起了我们的注意，并且我们还帮助创造了更多 MOJO。MOJO 是一个强大、实用的例子，指导组织打破战略阴影、促进合作，它也是星展银行成功创新的关键因素。下一章介绍了 MOJO 成功背后的科学依据，并详细介绍了一种新的工具，即 BEAN：行为赋能器、人工道具和助推器。是的，下一章我们终于要深入介绍 BEANs 了。

Eat
Sleep
Innovate

第三章

打 破 习 惯

美国工程师德斯坦·桑德林（Destin Sandlin）[⊖]曾提出过一个看似简单的问题："让人忘掉如何骑自行车有多难？"于是，YouTube 上一档很受欢迎的教育系列节目"每天变得更聪明"（Smarter Every Day）的主持人，请他认识的焊工做了一件有趣的事：把桑德林的自行车改装了，当他将车把向右转时，自行车会向左转，反之亦然。后文中我们将其统称为"反车"。桑德林是一个懂得自行车骑行原理的工程师，也是一个训练有素的狂热骑手。那么，忘掉如何骑车有多难呢？

事实证明，非常难。"这个挑战比看起来要复杂得多，"美国亚宾哲（Arbinger）研究所的一份总结指出，"骑自行车需要做出一系列复杂的动

⊖ 德斯坦·桑德林（Destin Sandlin）是一位美国工程师，喜欢设计、科学和科技等有关的玩意，他还会把这些玩意拍片上传至网上个人频道。——译者注

作——平衡、协调、转向、踩踏等，我们的大脑必须精确地引导和协调这个复杂过程中的每一个步骤，这意味着，学习骑'反车'需要彻底重新改造与骑车相关的神经通路。"

使用BEANs来打破现状

桑德林第一次尝试骑"反车"时，他根本就束手无策、一筹莫展。最终，他花了8个月的时间，每天练习5分钟，才学会了骑"反车"。然后，当他重新骑上一辆正常的自行车时，他再次手足无措、毫无进展。很幸运的是，桑德林只花了大约20分钟就重新学会了如何骑正常的自行车[⊖]。

现在我们要在组织里改变习惯，跟桑德林的试验有些不同。骑自行车是深深地印在人的肌肉记忆中的，需要有意识地努力，忘掉以前的习惯，忘掉已经学过的东西。但是，基本上没有人会在童年时期就开始做电子表格分析，或者从小就对市场调研的信任度高于第一手的客户体验，或者在应该提出问题的时候就要求获得标准答案。我们借桑德林的试验要表达的中心意思仍旧不变：改变习惯相当难。当"战略阴影"降临到一个组织时，会让一个苦心经营、寻求创新的组织功能僵化，无法动弹。想要学会鼓励创新行为，你需要用BEANs来打破习惯。本章将详细介绍过往有关"打破习惯"研究文献中的经验教训，并分享一些我们最喜欢的BEANs的例子。最后的配套案例会展示星展银行在海得拉巴的发展中心是如何有意识地创建出BEANs的，以及其产生了怎样的成效。

⊖ 有趣的是，他六岁的儿子只花了两个星期就学会了骑这辆"反车"。由于年幼，需要忘掉的东西少，神经的可塑性也较高。

来自研究文献中的经验教训

前文中星展银行的案例详细介绍了一个名为 MOJO 的项目，旨在改进会议流程，鼓励合作[⊖]。为什么 MOJO 这么有用？这与关于"打破习惯"的一些研究文献里的观点相符。在过去的几十年里，心理学家们准确地解释了为什么改变习惯如此困难，并提供了一系列实用的工具来帮助改变习惯。他们对于"改变"的理解已经通过一些有影响力的书籍进入了主流文化，比如奇普·希思（Chip Health）和丹·希思（Dan Health）的《瞬变》（*Switch*）、理查德·H.塞勒（Richard H. Thaler）和卡斯·R.桑斯坦（Cass R. Sunstein）的《助推》（*Nudge*）、查尔斯·都希格（Charles Duhigg）的《习惯的力量》（*The Power of Habit*），以及丹尼尔·卡尼曼（Daniel Kahneman）的《思考，快与慢》（*Thinking, Fast and Slow*）。

同样，我们也是从大量查阅"打破习惯"的研究文献开始，展开对于 BEAN 概念的探索之旅的。例如，世界上最成功的习惯改变项目之一的"匿名戒酒会"（Alcoholics Anonymous），就印证了我们在研究文献中看到的改变习惯的理论。比尔·威尔逊（Bill Wilson）和罗伯特·史密斯博士（Dr. Robert Smith）于 1935 年创立了匿名戒酒会，帮助数百万人与酒瘾做斗争。匿名戒酒会的核心机制并不复杂，就是由"一天一次"这样的口号构成的。正因为匿名戒酒会意识到了改变习惯有多难，所以它在多条战线上攻克这个难题。每个成员都有一个经常与之互动的"监督人"，他鼓励成员主动地改变自己的生活环境，尽量消除可能的诱惑：比如，不要在酒吧见朋友，把自己房子里的酒拿走等。匿名戒酒会的核心机制是社区性的：当成员们

⊖ 虽然我们刚刚解释过，但如果你是跳着读到这里的"非线性读者"，以下是 MOJO 的简介：MOJO 中的"MO"（meeting owner）是会议的主持人，他设定议程，并确保所有参会者的积极参与；而"JO"（joyful observer）则是一个观察者，他在人们分心时进行干预，并向 MO 提供公开的反馈。这个项目为公司节省了数十万个工时，调查也显示，星展银行的员工们更多地感受到自己的声音在会议中被听到，改变相当显著。

聚集时，他们一起工作、互相帮助。同时，社区也创造了新的人工道具来支持项目的推进，比如代币，当成员实现一个特定的里程碑时，就可以获得代币奖励。

另一个模式很类似的项目叫作"轻体观察会"（Weight Watchers，也译作"慧俪轻体"，后文统称"轻体观察会"）。2018 年其品牌战略从"体重管理"升级到"健康管理"，于是开始以"WW"为新的品牌名进行推广。轻体观察会由吉恩·奈德齐（Jean Nidetch）在 1963 年创立于纽约皇后区，是当今世界上使用最广泛的体重管理项目之一，拥有超过 400 万活跃会员。轻体观察会的核心机制是积分系统。有时候统计卡路里和控制饮食摄入量对人们来说是较为艰难的挑战，而积分系统弱化了这种挑战。更重要的是，轻体观察会的会员社区形成了强大的社会塑造力。积分和特定菜单选择对人们管理健康有一定的帮助，但更有帮助的是会员聚会，它就像社区黏合剂，将项目的参与者凝聚在了一起。

匿名戒酒会和轻体观察会两个项目都有力地论证了要如何改变现有习惯，而游戏公司则展示了如何形成新的习惯。首先，游戏的机制遵循雅达利（Atari）创始人诺兰·布什内尔（Nolan Bushnell）的名言：游戏应该"易学难精"。游戏让人们很容易开始，但很难停止，所以玩游戏往往成为一种习惯。游戏也有共通的元素，比如：人们可以正面较量，或者彼此竞赛分数和进度；各种各样的奖励会刺激人不断继续；还有能刺激人参与游戏的影像和声音。当这些因素结合在一起时，就会产生令人震惊的成瘾性，当然也就带来了游戏的利润。有名的上瘾游戏比比皆是：《超级马里奥》(*Super Mario*)、《糖果传奇》(*Candy Crush*)、《宝可梦 Go》(*Pokemon Go*)、《愤怒的小鸟》(*Angry Birds*) 和《堡垒之夜》(*Fortnite*)。如果说有时候世界好像变成了一个巨大的电子游戏，那是因为研究表明，徽章、奖励和显示进度的图表，在现实生活中也非常有效。

这些例子有三个共性。第一，改变习惯既需要人们理性的、符合逻辑的一面，又需要感性的、依赖直觉的一面，二者共同参与，缺一不可；第二，改变习惯需要多线作战。回想一下，匿名戒酒会和轻体观察会是如何利用口号、他人劝说和社群互动来改变人们的生活模式的；第三，关于动机的科学研究证明，设定目标、成就、社会性比较和鼓励可以强化期望的行为。

对于大多数组织而言，内部创新的敌人是惯性的制度化，制度和规范强化了这种惯性。而惯性的解药则是改变旧习惯，形成新习惯。虽然大多数有关改变习惯的文献都围绕个人的行为，比如戒烟、吃得更健康、更有规律地锻炼身体、学习新的技能等，但我们认为，养成习惯和改变习惯的原则也同样适用于组织。

因此，几年前 Innosight 公司的团队开始收集能帮助组织更好地养成创新习惯的干预措施。最后总共收集了 100 多个案例，这些案例来自于客户的组织、创新领导者（innovation leader）[⊖]信息服务的案例研究，以及波士顿地区一家创业公司 Tettra 汇编的企业文化文档。

我们选择 BEAN 这个缩写是因为成功的项目（比如 MOJO）都综合了以下三个内容，其首字母构成了 BEAN 的缩写词。

- 行为赋能器（behavior enablers）：鼓励和促成行为改变的**直接**方法。
- 人工道具（artifacts）：**强化**行为改变的实物或数字工具。
- 助推器（nudges）：鼓励和促成行为改变的**间接**方法。

在《瞬变》一书中，奇普·希思和丹·希思借用一个比喻来描述"行为转变"的过程。他们写道，一个骑着大象的骑手正沿着一条路走下去。骑手，代表着理性化的头脑，想要去往一个新的方向；而大象则代表着情绪化的心态，继续漫不经心地在原有的道路上蹒跚前行。那么，如何推动变革呢？

"行为赋能器"可以帮助骑手学习如何影响和改变大象。"行为赋能器"

⊖　一个提供创新服务的组织，网站为 www.innovationleader.com。——译者注

是一个指南，详细地勾勒了你想要实现的新"脚本"，并提供了有形的、直接的支持来遵循这个脚本。用卡尼曼《思考，快与慢》中的话来说，"行为赋能器"能让"系统 2"参与进来，"系统 2"也就是决策中缓慢的、深思熟虑的部分，它占据我们思维的 2%。再具体一点，行为赋能器可能会包含以下内容：

- 设计一种规范或一个仪式，如 MOJO 中的 MO 在每次会议上都会进行"签到"的仪式。
- 有机会接触到教练或咨询顾问，如匿名戒酒会中的"监督人"。
- 建立一个更大的社群，如匿名戒酒会和轻体观察会聚会中的那些人，社群关系可以促进新行为习惯的养成。
- 建立简单的检查列表或用户指南，如匿名戒酒会的"十二步骤"计划或轻体观察会的"积分系统"。

"助推器"是支持行为改变的间接方法。在这个关于大象的比喻中，"助推器"改变了路径本身，也就是大象在还没有意识到的时候，就会向新的方向移动。用卡尼曼的语言来说，助推器可以让"系统 1"（即快速的、无意识的、自动的思考系统）参与进来。在组织中，助推器可能包含以下内容：

- 采用所谓的"选择构架"[⊖]（choice architecture），将期望的行为设为"默认选择"。（比如一个著名的案例，将申请驾照和自愿捐赠器官联系起来。就是在申请驾照时，是否让人们默认选择自愿签署器官捐赠协议，直接决定了器官捐赠者的人数比例。）
- 利用提醒功能（比如，当你坐得太久时，可穿戴的小工具就会发出通知提醒你）。
- 创造和分享故事（就像在匿名戒酒会聚会上讲的故事一样）。

⊖　"选择构架"是由行为经济学家理查德·H.泰勒和法律学者卡斯·R.桑斯坦提出的，旨在引导人们的抉择，让人们根据自己的价值和目标，更加轻松地做出决定。——译者注

- 利用办公室的空间设计来触发特定的行为（类似于匿名戒酒会建议的方式：将屋子里的诱惑统统拿走）。
- 发布"排行榜"，或进行其他形式的比较（对于每个吸引人的游戏，这都是不可或缺的组成部分）。

最后，"人工道具"连接"行为赋能器"和"助推器"，可以是实物或数字化的手段，可以帮助骑手记住他需要做什么样的"路标"。"人工道具"的例子包括：

- 表彰新行为的奖品和奖杯（比如，匿名戒酒会的会员如果达到一定的清醒天数，就能获得一定的代币）。
- 让人联想到改变的形象化符号（如星展银行塑造的"巫师甘道夫"，与企业的愿景息息相关。"甘道夫"的缩写词不断地提醒员工，要把自己放在谷歌、亚马逊、奈飞、苹果、领英和脸书这类公司中进行比较）。
- 道具（比如星展银行为了在会议上加强"甘道夫"的隐喻，准备了巫师帽和法杖的道具）。
- 在背景环境中起到提醒作用的图片和其他视觉资料。
- 放在桌子上或会议室里的实物。

Innosight 公司的 BEANs

关于 BEANs 的语言和工具包开始出现，使娜塔莉、斯科特和安迪意识到，Innosight 公司已经建立了两个 BEANs 来推动重要的变革工作⊖。

⊖ 我们总是会观察到一种现象：有些团队告诉我们，他们没有创新能力，但当我们给出了创新的定义（即创造有价值的、与众不同的东西）后，他们就会意识到，他们绝对懂得如何"创新"，只是还没有找到相应的语言来表述而已。同样，我们敢打赌，你的组织一定有一两个在 BEAN 的帮助下而发生改变，或加强了的组织文化。如果我们猜对了，请告诉我们你所在组织里使用的 BEAN，因为我们很想把更多的想法，加入到 BEANs 的案例"袋子"里。

　　每年年底，Innosight 公司都会跟客户进行一对一的沟通交流，获得他们的反馈。几年前，当领导团队回顾客户访谈的逐字记录时，有了一个惊人的发现：Innosight 公司的领导层一直认为，他们在与大型咨询公司的正面交锋中获胜的原因在于其独特的"知识资产"或"思想上的领导力"。但是客户说："不是的，因为每个人都拥有知识资产。Innosight 公司的与众不同在于它自身。"Innosight 团队每次出现，以及跟客户合作时，总会让人感觉与众不同。一位客户说："他们就像是思想上的合伙人，一心想帮助我们成功。和他们一起工作也很有趣，因为他们谦虚又自信。Innosight 团队是真心希望为我们带来改变。"另一位客户说："跟他们团队合作非常愉快，他们拥有伟大的文化。"来自客户的评价促使领导团队重新梳理并完善了Innosight 公司的基本价值观。这套价值观在公司初创早期就已经形成，但逐渐在发展中被遗忘了。现在，领导团队又重新重视起来。

　　那么，树立了谦逊、透明、协作和包容的价值观之后，组织应该如何鼓励员工不断用行动去践行这些价值观呢？ Innosight 公司利用 BEAN 从多个方面解决了这个问题。这个 BEAN 的核心是一个奖项：由 Innosight 公司管理合伙人每年 12 月颁发。其"行为赋能器"包括：在全公司分享对价值观和期望行为的详细描述，让所有人达成共识；每年一次 SurveyMonkey的调查，让员工们自己提名奖项的候选人或故事；选出来的故事在年终聚会上分享，发布在公司内部网站上，并在年度评审过程中进行拍摄和纪念。
这个颁奖过程有很多"人工道具"，其中最主要的是：

- 一个实物奖品（安迪于 2014 年获得，娜塔莉于 2015 年获得）。
- 一套定制的漫画，现在挂在 Innosight 公司的总部（位于马萨诸
  塞州莱克星顿）。同时公司对外的宣传文件也收录了这套漫画。
- 上传到 Innosight 公司内部网站上的一段视频，视频中的行动传
  递这些价值。
- Innosight 总部大厅的旋转数字屏幕上，用传递价值观的漫画和
  Innosight 最有影响力的故事迎接来访者。
- 一套小巧的桌面活页本，配有漫画，生动地展示了当 Innosight
  团队没有坚持其价值观时会变成什么样。

Innosight 团队还进一步开发了"助推器"，提醒领导者日常行为决策要
符合他们"创造不同"的价值观。比如，公司内部定期开展员工调查，调
查问题就包括"领导者在多大程度上实现了价值观"。

Innosight 团队开发的另一个 BEAN 名为"首个星期五"（The First
Friday），这个 BEAN 旨在改善组织互联互通和协同工作的能力，有意识地
提高整个公司的联结度和凝聚力。这是因为在公司里，很多时候顾问们会
花大量时间在差旅上，到企业与客户并肩工作⊖。虽然这有助于他们建立影

⊖ 当然，在写这本书的时候，Innosight 的顾问们正在家里通过视频会议与同事和客户进行互动。

响力、实现客户至上，但同时损害了组织内部的联结。"首个星期五"是一个仪式，每年让 Innosight 公司北美和欧洲的人部分员工聚集在一起举行 9 次会议，每次会议都会录音录像，并发布到内部网站上，供亚洲同事观看，因为亚洲员工面临时差的问题。这些会议都设置了一个关键的"助推器"：用指定座位的机制来鼓励合作，推动新关系的形成。有趣的是，娜塔莉和斯科特注意到 2020 年上半年，远程办公带来一个让人意想不到的结果："首个星期五"的出席率上升了；房间内外之间不再有界限，线上的分组讨论室更容易激发讨论。

公司还尝试了其他鼓励合作的方法，这些方法未来都可能发展为更全面的 BEANs 并落地。例如，为了建立更多的联系，Innosight 团队邀请参加培训活动或研讨会的人，在会议开始前分享他们最喜欢的歌曲和艺术家。然后在休息时间播放不同的歌曲片段，让大家猜测是谁选择的歌曲。每当选歌的人被揭晓出来，他就会分享这首歌对自己的特别之处。这是一种非常有趣的方法，加速了人们彼此之间的了解。而且，每当项目结束时，每个人都将拥有一个新的"歌曲播放列表"[⊖]。

是什么造就了成功的 BEAN

让 BEAN 发挥作用的究竟是什么？通过研究相关文献，以及观察效果显著的 BEANs，我们发现以下六个关键特性[⊖]：

⊖ 娜塔莉从一位医疗保健客户那里"偷"来了这个想法。她回忆说，一位客户挑选了一首金属乐队（Metallica，一个美国知名重金属摇滚乐队）的歌曲，因为这首歌陪她跑完了马拉松的最后一英里。另一位客户喜欢百老汇音乐剧，还有一位客户喜欢乡村音乐，因为这首歌让她想起了她家在怀俄明州的牧场。在 2019 年 10 月的一次场外活动中，斯科特选择了珍珠果酱乐队（Pearl Jam）的 *Better Man*（是 2016 年 8 月 7 日在芬威公园举行的音乐会上播放的现场版本）。安迪选择的是黑蕾丝（Black Lace）的 *Agadoo*。好吧，其实安迪并没有，但这是斯科特的一个测试，看看安迪是否会在评论过程中阅读脚注。他看了，他实际选择的歌曲是水孩子（The Waterboys）的 *Whole of the Moon*。

⊖ 六个关键特性的英文首字母构成了 SPROUT。我们的一位审稿人觉得在稿件的这个阶段，已经有点"缩写超载"了，所以我们选择将它作为礼物送给我们亲爱的脚注读者。

简单性（Simplicity）： 容易记忆，便于采用。

想要多运动吗？就在睡觉前把你的跑鞋放在床边。想让病人记住吃药吗？那就把药放在泡罩包装里，包装上对应标注着一周的七天，来提醒病人当天是否吃了药。我们甚至可以打赌，在读完这本书后的几个月里，你一定会记得 MOJO！习惯的改变是很难的，所以在开始的时候要尽量简单，这意味着要花时间为你的 BEAN 想一个朗朗上口、难以忘掉的名字。

实用性（Practicality）： 将其与现有的习惯联系起来。

改变的东西越少越好。例如，电动牙刷的最大好处之一是定时器，在牙医推荐的两分钟后关闭牙刷。习惯的改变，不需要思考！在星展银行的案例中，MOJO 不需要一个全新的程序，它接入了已经存在的会议。像程序一样，一起开始，一起结束。

增强性（Reinforcement）： 创建物理的和数字的提醒。

尽管 MOJO 这个名字很好记，但在任何一个项目的早期，人们很容易恢复旧习惯，根本不会花时间去指定一个 MO、任命一个 JO，也不记得要让他们在会议中进行签到和反馈。因此，当你走进星展银行的会议室时，你会看到一些视觉上的提示：放在桌子上的立方体玩具和列在墙上的检查清单，这些都成为 MOJO 项目的提醒，这些实物能够帮助人们参与到这个项目中来。

一致性（Organizational Consistency）： 确保创新与组织的目标、程序、系统和价值观保持一致。

"打破习惯"的研究文献中被引用最多的论文之一是史蒂文·克尔（Steven Kerr）在 1975 年发表的经典之作——《关于奖励 A 行为却希望出现 B 行为的愚蠢做法》(On the Folly of Rewarding A, While Hoping for B.)。⊖

⊖ 本书后面的注释部分中有克尔相关研究的官方参考文献。这条脚注是为了感谢我们最喜欢的一位审稿人，他发现了这里的印刷错误（把 1975 年错写成了 1995 年）。这位审稿人批注道："我完全可以客观地说，生于 1975 年实际上是非常好的年份。"为了更快找出这个匿名审稿人，上一个版本稿件的注释描述了斯科特在那一年出生。最终，审稿人自己发邮件联系我们，并发来了他对这本书的 13 页（非常有用的）评论。谢谢你，托马斯·韦德尔－韦德尔斯堡！

当某种行为（B 行为）实际上受到惩罚，或者组织奖励的是另一种行为（A 行为）时，BEANs 无法激励这种被期望的行为（B 行为）。

独特性（Uniqueness）：进行一些有趣的社交活动，并用故事和传说来进行传播。

MOJO 这个名字很特别，让人产生好奇想要了解更多，而且这个名字很容易记。将其与会议绑定，可以确保 MOJO 的机制在公司公共环境中实行。后期分享的相关故事和传闻，比如用诗句的创新形式给予反馈的 JO，或者大胆地向高层领导提意见的 JO，都有助于传播 MOJO 的理念。

追踪性（Trackability）：用一种可调整、可测量、可扩展的方式来构建 BEAN。

虽然 MOJO 的机制充满了乐趣和创意，但它本身是严肃的。星展银行跟踪会议的效果发现，使用 MOJO 的会议，其效率达到了没有使用 MOJO 的会议的两倍。2018 年，星展银行还引入了一个智能手机应用程序（早期版本可在应用商店下载），既能帮助 MOJO 落地，又能抓取和跟踪数据，让星展银行进一步改进这个项目。

我们最喜欢的几个 BEANs

用 BEANs 改变日常习惯是推动文化创新的一种关键方法。本节讨论了我们最喜欢的一些 BEANs，按照第一章所阐释的五种行为进行分类（总结见表 3-1），同时列出了一些提示性问题，可以帮助你创建出新的 BEANs 来激发期望的行为。本书第二部分详细介绍了另外 20 多种 BEANs，附录中还列出了装有 101 颗创新豆（BEANs）的口袋。如果你想了解关于 BEANs 的更多信息，可以访问网站 www.eatsleepinnovate.com。

充满好奇心。"甘道夫奖学金"是星展银行精心设计的 BEAN。为了跻身谷歌、苹果、脸书等所在的"创新者联盟"，星展银行设定了一个目标：

成为一个不断质疑现状的学习型组织。过去，星展银行用传统方法帮助员工发展领导力，比如将课程推送给特定的员工，然后鼓励他们学习那些能直接帮助他们改进日常工作的课程。但是，甘道夫奖学金颠覆了这种模式。现在，任何员工都可以申请 1000 新元（约合 740 美元）奖学金，用于自己感兴趣的项目，无论是课程、书籍还是会议，只要符合"让星展银行成为学习型组织"的目标。唯一的条件是，奖学金获得者必须将他们发现和学到的东西教给其他同事。截至 2019 年秋季，星展银行共颁发了 100 多个奖学金，领域包括人工智能、经理人讲故事的能力等，平均每位获奖者能把自己的收获教给近 300 人，形成良性循环。星展银行将很多获奖者的"教学过程"录制了下来，并与相关文章和其他信息一起发布在一个在线频道上，这个在线频道（"人工道具"）被浏览超过 1 万次。星展银行估计，它在甘道夫奖学金上花的每一美元，对员工产生的积极影响是在传统培训上花费一美元的 30 倍。

表 3-1 我们最喜欢的 BEANs

行为	BEAN	描述	行为赋能器	人工道具	助推器
充满好奇心	星展银行的甘道夫奖学金	任何员工都可以申请 1000 新元（约合 740 美元）奖学金，用于学习自己感兴趣的项目，但他们必须教给组织里的其他人	一个教你一步一步落地的指南手册	一个配套的网站，能让员工把学到的东西"教还"给组织	这个奖学金的名字就来源于象征星展银行文化变革的"甘道夫"形象
客户至上	亚马逊的"未来新闻发布会"	通过客户视角的"未来新闻发布会"来描述新想法	在会议上进行"未来新闻发布会"仪式，而不是演示幻灯片文件	会议纪要	会议设计
寻求协作	勃林格殷格翰（Boehr-inger-Ingelheim）的午餐轮盘	一个操作简单、能发出"午餐邀约"的网站	一份详细的网站使用说明	对这个项目的其他描述和说明	用"轮盘"类比游戏化的社交，鼓励更多人参与

（续）

行为	BEAN	描述	行为赋能器	人工道具	助推器
灵活应对模糊性	塔塔集团（Tata）的"敢于尝试"奖	每年，对虽然失败了但是学到了有价值的东西的团队颁发奖励，并进行公开的表彰	"敢于尝试奖"对于期望行为的详细说明	一个奖杯	该奖项的支持性材料，即传播关于过往得奖者的故事
充分赋能和授权	奥多比（Adobe）的"启动盒子"	一个"启动盒子"，里面有详细描述实验步骤的指南和一张预存1000美元的储蓄卡	清单、工具和储蓄卡	一个送给参与者的启动盒子	工具箱对应着不同的"等级"，用来刺激人们持续参与

需要考虑的问题：如何让团队避免故步自封、不思进取的状态呢？如何鼓励员工发现新事物，甚至是那些看起来与日常工作毫无关系的新事物呢？

客户至上。亚马逊的使命之一是成为"世界上最以客户为中心"的公司，强化这个使命的一个仪式与亚马逊职业经理人"提出新想法的方法"有关。在大多数公司，新想法需要详细地写在幻灯片中，堆满事实和数字。文件越厚，想法越好。但是在亚马逊，职业经理人和其他管理者都不使用幻灯片，而是要创造一个"未来新闻发布会"：人们想象的、伴随着成品推出时的"未来新闻发布会"。这个新闻发布会并非始于一个想法，而是从客户的需求倒推出来的。而且，新闻发布会必须包含经常被问到的一些问题，这再次强调了创意提交者必须从客户的视角看世界。到了讨论想法的时候，并不是直接介绍想法，而是要在参与讨论之前，让所有参会者首先默读新闻稿。

需要考虑的问题：如何确保团队从"客户至上"的角度思考问题呢？你可以创造哪些可视化线索进行提醒呢？是否有像亚马逊公司"未来新闻发布会"这样的定期会议，或描述想法的机制可以帮助你呢？

寻求协作。当大卫·汤普森（David Thompson）在制药商 BI（Boehringer-Ingelheim，勃林格殷格翰，后文统称 BI）的美国分公司工作时，他发明了一种方式来激发内部交流和碰撞，促进合作。汤普森的想法源自我们所有人都遇到过的问题。某天他走进公司的食堂，发现平时一起吃午饭的人都不在那里，而他也不认识食堂里的其他人。于是，他开始思考如何解决这个问题。两天后在朋友的帮助下，他建立了一个简单的网站原型，让人们可以随机找到共进午餐的"饭友"。他们把这个想法称为"午餐轮盘"。参与者在网站上注册时，要注明他们有兴趣参加的日期和愿意前往的地点，然后点击一个按钮，就自动找到一个可匹配的对象，并向其发出邀请。网站一经推出，立即有数百人报名，包括 CEO。

"很多时候，CEO 只和跟他预约过的人交流。有了'午餐轮盘'后，他不知道自己会和谁配对，而对方也不知道。"汤普森说，"双方都可以从对方身上学到一些东西。毕竟，如果我们在公司中无论上级还是下属都没有能相互学习的人，那么或许是公司在错误的位置放了错误的人。"

> 需要考虑的问题：你如何鼓励线上和线下的合作呢？是否有办法让人们更容易见面和合作呢？

灵活应对模糊性。 想要灵活应对模糊性，需要能够面对而且更好地处理创新过程中不可避免的错误甚至失败。印度最大的集团公司——塔塔集团就创造了一个强大的、有助于加强这种"宽容体系"的BEAN。每年，塔塔集团都会举行庆祝活动，表彰其业务部门的创新成就，塔塔集团的业务部门从茶叶、IT咨询到汽车领域，无所不包。庆祝活动上颁发的最吸引人的奖项之一叫作"敢于尝试奖"。顾名思义，这个奖项会颁给一个失败的团队，但是以一种聪明的方式。用塔塔集团的话说："彰显了塔塔集团敢于冒险和坚持不懈的文化……（敢于尝试奖）致力于表彰和奖励那些最新颖、最大胆和最认真的尝试，虽然这些想法没有达到预期的效果。""敢于尝试奖"是一个极具影响力的项目，每年都会吸引数百份申请。推广这个奖项有助于促进创新、拥抱风险以及宽容失败。获奖者会获得一个奖杯，而且庆祝活动公开的总结对所有人都可见可感，这些都成为"人工道具"，有效地塑造了塔塔集团的创新文化。

需要考虑的问题：如何让人们适应创新中的模糊性？如何公开正面地庆祝在失败中学习，而不是私下悄悄地惩罚失败？

充分赋能和授权。潜在的创新者普遍都会抱怨一个问题：他们做任何事情都需要经过一系列的批准。虽然通常来说，这个问题很大程度上存在于认知层面，也就是人们往往主观上给自己设限，但是这有可能变成创新的真正阻碍。奥多比公司有一个名为"启动盒子"的BEAN，专门被设计出来赋能其2万名员工。成功的申请者会收到一个红色的盒子，大小和百科全书差不多（如果你正在读这篇文章，而且年龄小于30岁，请问一下你的父母什么是百科全书）[⊖]。最重要的是，盒子里有一张存有1000美元的预付借记卡，获得"启动盒子"的人不需要征得任何人的同意就可以花掉这1000美元。在最初的几年里，奥多比公司授予了员工们1000个"启动盒子"。这是100万美元的投资，如果没有这些盒子，就不会有1000个试验。这些试验很多都没有明确的结果，但有些却为新产品的开发提供了有益的

⊖ 请注意，奥多比公司员工必须申请才能获得启动盒子，所以申请起到了过滤的作用。但有个小插曲是，奥多比公司的CEO曾经漏掉了这个"过滤器"。当时，CEO在公司外场听了斯科特描述这个项目深受启发，他上台后就立即宣布，公司每个人都将获得1000美元的试验经费。听到这个消息的CFO（首席财务官）一脸惊恐。因为在宣布之前，他根本没有听CEO提过，也没有一起商量过。而这个价值2000万美元的承诺，会让财务预算出现巨大的漏洞。最后，公司还是巧妙地通过申请的方式，保留了领导意图的同时也设置了足够的防护栏，使这个方案的实施不至于产生巨额成本。

信息，或者在尝试过程中出现了收购的机会。

需要考虑的问题：如何帮助人们的想法进一步发展呢？是否有一些流程上的捷径，可以帮助想法更快速地从纸上变成现实呢？

最后一个注意点

接下来，我们将用案例详细介绍如何创建一个 BEAN。第四章将提供一个"前排座位"，让大家可以近距离地观摩一个案例：某组织为了在人力资源部门内创建初始版本的创新文化，进行了为期六周的"创新冲刺"。但是，因为我们注意到人们有时会犯一个错误——混淆 BEANs（鼓励新行为的方法）和创新（与众不同且创造价值的东西），所以在开始介绍之前，我们想就这最后一点做些提醒，通过一个具体故事来辨析这两者之间的区别。

2019 年 9 月，斯科特和安迪准备在澳大利亚的一次大型人力资源专业人士聚会上分享本书的一些内容。为了激发讨论，他们让美国 Innosight 团队制作了一段两分钟的视频，让 Innosight 的新员工描述入职过程中的挑战和机会。其中一位新员工描述了试图快速记住每个人名字的压力："其中一个挑战是，我是一个新人，但是在入职之后几周的时间里，我可能会遇到 100 多个人，"他说，"这个 100∶1 的问题让我很焦虑，我要努力记住遇到的每一个人。或许我会碰到一个在喝咖啡的人，然后觉得：'他看起来好面熟。我好像见过这个人，但是我不记得他的名字了。'所以压力真的很大。"

不难想象，有很多创新的方法可以缓解这种压力。例如，创建一个简单的应用程序，新员工可以在上面勾选他们所见过的同事，帮助自己更好地追踪新面孔；或者，再大胆地想象一下，增强现实技术（AR）也可以成为解决方案。当某人进入房间时，就会在白板上显示出他的个人资料。这些解决方案有助于解决某个单一问题。这就是创新：与众不同且创造价值的东西。但或许还存在更大的问题：新员工烦恼的背后，可能是因为组织内部缺乏深度的联系。那么就需要优化一些不断重复的行为，比如把同事当成真实的个体来认识。BI 制药商的"午餐轮盘"就鼓励这种行为。又比如，Innosight 团队在办公室聚会时提出的建议——在咖啡馆里摆一张桌子作为"和我一起吃饭"的桌子。理想情况下，这是一张木制的农家桌，比普通咖啡馆的桌子更大，更让人有欲望坐过去。桌子上会有一个"和我一起吃饭"的标识，可能还会有一块白板，用来列出讨论的话题。整个公司的人都可以报名坐到这张桌子旁，而且这里总有人，可以和新员工或其他想要午餐伙伴的人聊天吃饭。公司的定期电子邮件中，会发送关于这个午餐桌的提醒，在新员工参观办公室时，也可以向他们提及这张午餐桌。因此，这个项目有可能发展为一个强大的组合：由一个行为赋能器（带有主题和说明的白板）、一个人工道具（实体桌子）和一个助推器（邮件提醒和状态跟踪）组成的 BEAN。

BEANs 和创新都很有价值，但它们是不同的。要清楚什么时候你是在寻求解决问题的方案，什么时候你是想要鼓励一种行为。

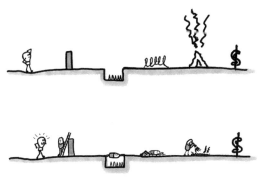

创新解决问题；BEANs使创新成为可能。

章节小结

∵ 与制度化的惯性做斗争，需要从"改变习惯"的指导手册中借用方法来塑造日常行为。具体来说，就是用BEANs打破习惯。BEANs由行为赋能器、人工道具和助推器组成。

∵ "行为赋能器"是推动行为改变的直接、有形的方法，如可重复的仪式、检查清单和专门的教练；"助推器"是使行为改变变得更容易的间接、无形的方法，如办公室的设计和排行榜的建立；"人工道具"是奖品、图片和故事等，通过物理和数字方式强化改变，将行为赋能器和助推器两者联结起来。

∵ 成功的BEANs往往具有简单性、实用性、增强性、一致性、独特性和追踪性。

∵ 我们最喜欢的BEANs包括星展银行的甘道夫奖学金（鼓励好奇心）、亚马逊的"未来新闻发布会"（强调客户至上）、BI的午餐轮盘（强调协助）、塔塔集团的"敢于尝试奖"（有助于更灵活地应对模糊性和不确定性）和奥多比的"启动盒子"（赋予员工权力）。

∵ 创新和BEAN的差异在于：创新解决问题，而BEAN使创新成为可能。

海得拉巴中心的 BEANs

BEANs 是一种有效的方法，既可以鼓励所期待行为，也可以帮助克服核心的障碍。下面我们来看一个很好的案例：星展银行如何在印度海得拉巴一个专门建造的开发中心（以下称海得拉巴中心）使用 BEANs。这个新中心接手了一些外包业务，例如，设计和支持面向客户的移动应用，所以海得拉巴中心也为星展银行提供了从头开始的机会：建立更富创新精神的企业文化。

海得拉巴中心的办公室设计模仿了我们在任何热门的、年轻的科技企业中可以看到的场景：开放的空间、小吃吧台，当然，还有一定会出现的桌上足球机。它的招聘流程借鉴了奈飞等创新公司的做法，旨在吸引与众不同的人才。但当灯光亮起，你很快就会发现，员工的日常工作流程几乎没有那种创新公司的感觉。员工陷入了陈旧的套路：有条不紊地工作，以及避免快节奏的试验。星展银行在新加坡的领导们仍然把海得拉巴的这个中心当作一个独立的供应商，而不是一个携手共进、达成共同使命的伙伴。虽然员工的参与度并不低，但与星展银行的期望相去甚远。

为了扭转局面，Innosight 公司的咨询顾问和星展银行技术与运营部的变革者组成了一个新团队（后文中我们将称之为"文化小组"），决定开发BEANs 来打破现状、改变坏习惯，并促进好习惯的养成。文化小组遵循的流程分为以下 4 步（第四章更详细地探讨了这个过程）。

细化所期望的行为，提高其颗粒度

文化小组概述了海得拉巴中心需要加强的企业文化特征。星展银行已经确定的是敏捷反应、以学习为导向、以客户为中心、数据驱动和试验性五个特性。文化小组更深入地列出了这些特性下更具体的行为。例如在

"试验性"之下，细化的行为包括"快速测试新的想法""在试验中贯彻精益和高效的原则""失败是便宜的、快速的，从失败中学得更快"等。

识别行为障碍

接下来，文化小组开始寻找阻碍理想行为的因素。为了发现这些因素，文化小组参加了员工会议，进行了诊断性调查，对海得拉巴中心的员工进行了一对一的私密访谈，并查阅了开发人员保存一周的"生活中的一天"日记。

在这个阶段，文化小组尤其需要找到阻碍创新的现有习惯和行为模式。例如，文化小组发现，很多员工都觉得他们在没有讨论项目背景的情况下就开始了工作，因此他们缺乏对项目整体的把握，缺少对其战略意义的理解，也不了解整体目标对项目中的每个人有什么期望，等等。有些员工还觉得"坦率地提出问题"是一种禁忌，所以他们默默地把自己的困惑咽了回去，忍受着沮丧和失望。同时，开发人员报告说，他们的工作量过大，时间过于紧张，以至于缺乏创新的时间，但更深层次的探索发现了真正的问题：开发工作缺乏明确的指导原则，无法确定需求清单的优先级，所以需求看起来无穷无尽。

设计 BEANs

文化小组随后设计了破除这些障碍的方法。为了开展工作，小组成员为资深领导人举办了两次为期两天的研讨会，一次在海得拉巴，另一次在新加坡。在讨论了所期望的行为及其阻碍因素后，参与者分成小组进行了结构化的头脑风暴。每一个小组都学习了来自其他组织的 BEANs 示例，从而获得灵感，设计新的 BEANs。他们使用了一个简单的模板，详细说明所期望的行为和阻碍这些行为的现有习惯，以及能够帮助员工突破障碍的因素（第四章展示了这种采集想法的模板样本）。然后，所有的参与者重新聚集在一起，回顾关于BEANs的15个想法，并投票通过了其中的几个想法，进行落地。

为了解决海得拉巴中心缺乏背景信息、缺乏坦诚和缺乏对目标优先级排序的问题，我们采取了三个干预措施。

缺乏背景信息

这个障碍强化了员工的一个消极想法：他们的业务能够照常进行就已经很好了。解决这个问题的BEAN是一个文化画布，灵感来自于亚历山大·奥斯特沃德（Alexander Osterwalder）和伊夫·皮尼厄（Yves Pigneur）提出的"商业模式画布"，该画布可以勾画出企业商业模式的关键要素。类似的，文化画布也是一个简单的、海报大小的单页模板。在此基础上，项目团队明确阐释了他们的业务目标、团队成员的角色和规范。填写文化画布可以帮助团队更清楚地了解期望值、组织结构和每个人的分工，这也给予了团队明确的目标和可以突破界限的机会，进一步增强他们的创新精神。由此产生的人工道具，包括成员的照片和签名，可以用视觉的方式提醒人们牢记团队成员的承诺。

缺乏坦诚

一个名为"团队温度计"（Team Temp）的BEAN把员工们"解放"出来，让他们在看到问题时能畅所欲言。这个基于网络的应用程序，将在每周的第一场会议上使用，通过打分的方式来衡量项目团队的情绪：邀请成员匿名描述自己的感受，选择从1（非常消极）到10（非常积极）的分数，并写出一个最能描述自己心情的词。

　　这种方法很快就能显示出团队是否存在问题（一连串的 1 分和 2 分很能说明问题），并促使团队领导讨论发生了什么，以及如何解决这些问题。由于该应用程序会随着时间的推移跟踪团队情绪，因此它还可以用于衡量干预措施是否有效。

缺乏对目标优先级排序

　　为了克服这个障碍，文化小组开发出了"70∶20∶10"的 BEAN。受谷歌的实践启发，它明确允许软件开发者将 70% 的日常工作时间花在开发上，20% 的时间花在改进工作的想法上，10% 花在试验想法和"被偏爱的项目"（Pet Project）[○]上。"70∶20∶10"的落地，让员工正式腾出大块时间用于结果尚不清晰的试验，鼓励创新思维。为了强化这一个 BEAN，文化小组还创造了一个仪式，让开发人员互相分享他们从以往的试验项目中学到的东西。

　　○　Pet project，是指某人特别喜欢或支持的项目，带有个人的情感或偏见。公司允许员工花一定比例的工作时间在"被偏爱的项目"上，形成自己独特的设计或狂野的构想。谷歌很多优秀的产品和服务（如 Gmail）就是由此诞生的。——译者注

细化和实施 BEANs

在海得拉巴中心的试点小组测试了一些 BEANs，包括上文中提及的三种。同时，对不同 BEANs 的影响进行了细致的衡量，并在过程中改进。取消无效的 BEANs，将有效的 BEANs 推广到更大的范围，并进行跟踪测试。例如，借助"70：20：10"的 BEAN，团队将以往的几个手工流程自动化，缩减了完成关键任务的时间，并开发出其他创新项目。第三章中描述的 MOJO 应用初始版本的灵感，就源自一名开发者的试验时间。与此同时，领导们开始花更多的时间在办公大厅里走动，以身作则，示范新的工作方式。

干预措施开始实施的一年之后，员工调查结果显示，海得拉巴中心员工的参与度得分提高了 20%，"以客户为中心"的分数也明显上升。2018 年，领英将该开发中心评为印度最适合工作的 25 个地方之一。2019 年，海得拉巴中心还获得了印度著名的津诺夫奖（Zinnov Awards），被评为"创新的好地方"。

进行一次"文化冲刺"

新加坡电信集团（Singtel Group）是东南亚最大的电信公司之一。它在新加坡和澳大利亚设立独资的自有运营商，以及在其他市场投资的新兴市场运营商，如印度的 Airtel、印度尼西亚的 Telkomsel、泰国的 AIS 和菲律宾的 Globe 等，总共拥有约 7 亿移动用户。在过去的几年里，新加坡电信集团还进行了一些股权投资，目的是在移动广告和网络安全等新领域建立数字业务组合。2018 年年中，新加坡电信集团首席人力资源官谭艾琳（Aileen Tan）提出了一个与众不同、富有挑战的设想："当我按下手机上的一个按钮，一辆汽车就会出现；当我按下另一个按钮，食物就送过来了；我可以实时发起与世界各地朋友的视频通话。对于消费者来说，这些创新服务就像魔法一样。我们的电信服务实现了这种魔法，"她说，"但在组织内部，我们有文件、表格、流程、结构和规则。为什么我们不能像外部市场要求的那样，也在内部进行创新呢？"

你还记得吗？德斯坦·桑德林花了 8 个月的时间自己改变了骑自行车的习惯，而星展银行的故事则经历了十几年。谭艾琳想，有没有一种方法可以聚焦并加速文化的变革？她决定从新加坡电信集团人力资源团队的文化入手进行试验。她相信，每一项变革都必须从某个地方开始。在一个大型组织中，还有什么地方比 150 人的集团人力资源团队更适合开始文化变革呢？毕竟，这个团队会和组织中的每一个业务部门、每一名员工打交道。

本章借用了敏捷变革中"冲刺"的这个比喻。敏捷变革源于一种软件开发方法——"敏捷开发"，这种方法可以显著提升软件开发的速度，现在已经成为一种加速实施一套方案的常用方法。"冲刺"，是指在严格规定的时间内完成一整套工作，它遵循敏捷原则，即频繁地交付工作成果，对变化做出反应，而不是完全遵循计划。在新加坡电信集团，这意味着要在六周内开发出创新文化的初始版本。冲刺的核心内容是一个为期两天的"启动会议"，人们有机会在第一天亲身实践创新的行为模式，并在第二天用 BEAN 脑暴⊖来激发这些行为。

我们将详细介绍启动会议之前和之后的工作、会议本身，以及关键的经验教训。这将是本书中最详细⊜的一章，我们希望能让你与你的团队、小组或部门顺利实践创新文化的冲刺。

图 4-1 提供了一张地图为你学习本章的内容提供指引，地图上几个重点环节是为期六周的文化冲刺、启动会议、BEAN 脑暴，以及启动会议结束之后的工作。这张地图参考了我们在海得拉巴中心创建 BEANs 的四个步骤，也将本章的启动会议与这四个步骤联系起来⊜。

⊖　我们真的很想在"BEAN 脑暴"上加个商标，不是吗？

⊜　"最详细"暗示的是"最长"。这部分的中文字数超过 16000 字，所以拿起你喜欢的饮料，尽情享用吧！

⊜　感谢我们最喜欢的评论员托马斯建议的这些视觉效果，他还帮助我们把这些图片都弄清楚了！

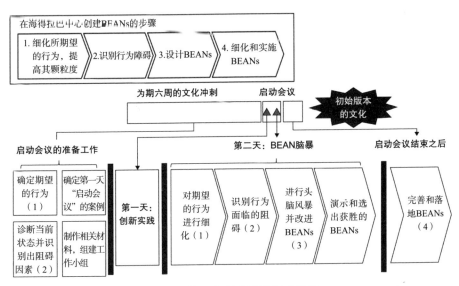

图 4-1 第四章所描述的行动地图

括号中的数字将海得拉巴中心创建 BEANs 的步骤与本章介绍的步骤联系起来

启动会议的准备工作

虽然直接进入头脑风暴的想法很吸引人，但我们的经验表明，启动会议前的四个步骤的准备工作（见表 4-1）有助于最大限度地发挥启动会议的全面作用。前两步：确定期望的行为和诊断当前状态，从而识别出那些产生阻碍的因素，与海得拉巴中心描述的前两个步骤相匹配。接下来的两个步骤，即确定"启动会议"的案例和为激活会议做准备，这两个步骤将为启动会议的成功做好准备。

表 4-1 启动会议前的准备工作

具体步骤	描述
确定期望的行为	从第一章的五种行为中，挑选你想要鼓励的行为
诊断当前状态并识别出阻碍因素	找出阻碍你做出期望行为的潜在障碍
确定第一天"启动会议"的案例	确定要解决的具体问题，从而展示遵循期望的行为模式后的影响
制作相关材料，组建工作小组	制作定制化的"刺激材料"，并确定小团队工作的主要支持者和赞助商

确定期望的行为

请记住，在创新文化中，推动创新成功的行为是自然而然发生的。文化冲刺的一个重要组成部分是确定你想要鼓励的具体行为。虽然你的公司可能会想要开发出一套自身所期望的行为，但是本部分内容对于形成你公司的初始版本的文化很有帮助，不论是第一章中定义的"五种驱动创新成功的行为"（即充满好奇心、客户至上、寻求协作、灵活应对模糊性、充分赋能和授权），还是其他已经形成共识的期望行为[⊖]。比如，对于新加坡电信集团，我们就选择了第一章提到的五种行为。

诊断当前状态并识别出阻碍因素

如果你带着对目前所遵循的行为、不遵循的行为以及最大阻碍因素的看法进入启动会议，这个环节将会产生最好的效果和最积极的影响。

有三种具体的方法来诊断当前的状态，并确定你所在组织的日常行为到底是什么。第一种方法是：从现有的组织文化调查中获取定性意见，或者从 Glassdoor 等网站上在职或前员工的公开评论中获取建议。找到可以生成词云的 app 应用程序或网站，导入这些评论，可以快速地生成员工对当前文化看法的词云图。然后你可以看出，那些和期望行为相关的词是否经常出现，还是说，它看起来更像第二章我们曾提到的词云，比如"恐惧""惰性"和"官僚主义"等词。

第二种方法是进行一对一的访谈。对于新加坡电信集团，我们采访了人力资源团队中最具代表性的员工。被采访的员工包括担任业务合作伙伴角色的人，以及承担更多内部职能的人，如管理薪酬体系的人。基于工作年限的不同，我们采访了加入公司数十年的员工，以及在过去两年内刚加入的员工。基于跨国工作经历的差异，我们采访了新加坡电信集团的终生

⊖　例如，一家大型医疗保健公司希望关注责任心、敏捷性和企业家精神，我们认为把这些作为创新的开始也很好。

从业者，以及此前有跨国公司工作经验的人，只在新加坡工作过的员工，以及拥有丰富海外经验的员工。基于工作风格的差异，我们采访了深度参与和热情主动的团队成员，以及更倾向于表达怀疑的人。采访对象的多样性确保了不同的观点都能被听到，这也避免了一种风险：过于受到少数人极力坚持的某些观点的影响。

我们要求受访者对"你如何描述我们今天的文化？"这个问题给出1～3个词的答案。和以往一样，我们鼓励通过例子和故事来增强分析和诊断的具体性和丰富性。例如，一位受访者描述了他们在处理个人问题时，收到了来自谭艾琳和领导团队的"爱心包裹"。这是一个可以发扬光大的潜在优点，因为对团队的关心很容易延伸为对更大团队以及对客户的关心。

最后一种方法是诊断性调查。这可以是简单的调查，比如询问人们在日常生活中多大程度上能遵循五种创新行为模式。附录中还有两种调查供你使用：一种是轻松有趣的评估"你与创新的关系状况如何"，另一种是更全面综合的创新文化诊断。我们在新加坡电信集团和星展银行使用的综合调查，探讨了以下四个方面。

1. 在多大程度上，员工的观念与你期望看到的强大创新文化相吻合？与人们观念相关的障碍表明，人们认为创新行为不值得他们花费时间和精力。因为对于他们来说，创新行为最好的结果是这些创新行为不会产生什么影响，而最坏的情况是他们有可能因此受到惩罚。

2. 人们在多大程度上遵循特定行为的模式？调查询问了人们上一次做出与期望的工作方式相符的行为是什么时候，比如赞扬某人在工作中冒险。调查的问题会具体到实践的时间点：他们是从未做过，还是在某个时候做过？是在过去的一年内、一个月内，还是一周内做的？

3. 人们在多大程度上具备做好这些行为的具体技能？虽然自我报告存在一些问题，但该调查要求人们对10多项"行为赋能技能"（呼应行为赋能器）进行自我评价，如试验设计和执行力。

4. 在多大程度上，这些"行为赋能因素"可以帮助创新行为持续下去和扩大规模？该调查询问了一系列问题，这些问题着眼于对抗"战略阴影"的深层系统和结构（我们将在第二部分中更深入、更详细地说明其中某些系统和结构）。

无论你使用哪种诊断工具，你都必须确定待解决问题的明确领域。例如，新加坡电信集团声名在外，总是期望用非常全面和严密的分析来支持决策。但一位受访者想知道，对于一个根本没有数据支持的创新想法，新加坡电信集团会怎么做？会不会让提交想法的人面临难以回答的、严厉的质问？另一个出现的问题是自上而下的指令性文化，它让人力资源部门的领导者感到无力，认为没有被授权和赋能，因此无法创造数字化的未来。

确定第一天"启动会议"的案例

文化变革及其创造的价值可能很难把握。在最好的情况下，它是模糊的，在最坏的情况下，它可以被称为"不清不楚的""虚无缥缈的"，甚至是"空中楼阁"。你怎样才能帮助人们直观地理解为什么要进行文化变革？更具体地说，工作方式的细微变化为什么值得花时间和投资源？不可替代的一种方式是，让人们看到相关的一手经验，即改变行为将如何解决实际的组织问题。因此，这一步骤涉及明确案例，比如那些在启动会议中将解决的组织面临的具体问题。

正如理查德·帕斯卡尔（Richard Pascale）所说："成年人更有可能通过行动进入一种新的思维方式，而不是通过思考进入一种新的行动方式。"因此，我们与人力资源团队合作，确定了员工可以在第一天的启动会议中解决的实际问题。我们希望员工体验到"明天的文化"，在这种文化里创新行为是每个人的"第二天性"。通过向每个人展示这些创新行为如何解决实际的问题、如何解决他们关心的问题，来帮助他们意识到采取创新行为的价值，使 BEAN 脑暴产生更深的共鸣。

理想情况下，选择的组织问题需要有三个特点：第一，它们必须是实质性的、关键的问题；第二，它们必须具有足够严格的限制条件，即让团队在短时间内能够取得实质性进展；第三，它们必须是开放式的，以便留有空间去探索不同的解决方案。在新加坡电信集团的案例中，我们确定了提问的方式以"我们如何能"开头，比如下面这些：

- 我们如何能为新加入的员工提供很棒的首日入职体验？
- 我们如何才能更深入地与公司校友社交和互动？
- 我们如何能最大限度地发挥人力资源团队负责的、最近装修好的"员工协作空间"的效果？

对于每个问题，我们都编写了一页纸的问题概述，并与工作组分享。我们还明确了什么是真正的"客户"，各团队可以和他们交谈，以便更深入地了解问题（下文将详细讨论）。

制作相关材料，组建工作小组

最后一项前期准备工作包括两项任务。第一项任务是制作相关材料。在新加坡电信集团，我们为每个参与者制作了资料袋，详细说明了他们所期望的创新行为，解释了他们要解决的问题，并总结了"诊断当前状态"的关键经验。我们制作了"BEAN卡"，以启发人们更多的灵感⊖。最后，我们设计了详细的使用指南和用于采集想法的模板⊖。

⊖ 本书中出现了 101 个 BEANs。第一和第二部分深入介绍了 42 个（第二章中的 MOJO，第三章中我们最喜欢的 5 个 BEANs 和 2 个 Innosight BEANs，海得拉巴中心案例中的 3 个 BEANs，第四章中 1 个新加坡电信集团的 BEAN 和 1 个星展银行的 BEAN，第二部分中的 29 个 BEANs），附录中的"装有 101 颗创新豆（BEANs）的口袋"中还有 59 个。在研讨会上，我们印制了描述 BEANs 的简单卡片。我们惊讶于人们对这些卡片的兴奋程度。你可以在 www.eatsleepinnovate.com 找到这些卡片的版本。

⊖ 所有这些材料的通用版本都可以在 www.eatsleepinnovate.com 中找到。说实话，如果你们中的一些人打电话给 Innosight 公司并要求我们提供帮助，我们会很高兴，这对保罗来说不那么重要，但他仍然喜欢 Innosight 团队，所以他会为他的三位合作者感到高兴，但我们的核心价值观之一是透明，所以我们相信公开分享我们的工具和方法是正确的事情！

第二项任务是组建启动会议的工作小组。在新加坡电信集团，每个工作小组都有不同的角色和任期。我们把谭艾琳的领导班子分散到各个工作小组中，并告诉这些管理者，他们是小组的发起人，必须承担起责任，日后需要推动启动会议第一天形成的解决方案。我们告诉这些管理者，最重要的是他们必须进入"教练"模式，这样才能更好地向"赋权文化"转变。我们还确定了一个"催化剂小组"，将"催化剂小组"成员分散在各个团队中，在激活会议之后负责继续推进工作的落地。

我们的经验表明，这些前期工作可以在一个月左右完成。如前所述，一个月的时间需要将本书中创新文化的"通用行为"作为基础框架才能实现。但有时，有必要更多地从外部视角来看，如何在不断变化的竞争环境中取得成功，这就需要进行外部研究，并与高层领导讨论。但无论你如何选择，都要记住"冲刺"的比喻：你并不是要创造一种完美的文化，而是要快速地将多种元素整合在一起，看看什么是有效的，什么是无效的。

启动会议

为期两天的启动会议是"文化冲刺"的核心内容。第一天给参加者提供了一个体验创新文化的机会，通过实践五种创新行为（或你在前期准备工作中选择的任何具体行为），推动实际业务问题的解决。第二天，小组进行 BEAN 脑暴，克服已经被发现的阻碍因素，并使 BEAN 的工作方式成为习惯。说了这么多，让我们回到新加坡电信集团去看一看，在行动中感受启动会议。

第一天：创新实践

2018 年 8 月，42 名新加坡电信集团人力资源部门员工聚在一起，进行了为期两天的启动会议。一个设计原则是在启动会议上使用 BEANs，以强化 BEANs 的理念。于是，谭艾琳用亚马逊"未来新闻发布会"（已在第二章中详细描述）的改编版来启动会议。谭艾琳的"未来新闻发布会"概述了人力资源团队如何带头创造出新的企业文化，这种文化现在被认为是新加坡电信集团在数字化转型中取得全面成功的"秘诀"。这个启动会议特别的开场方式激起了与会者的兴趣，因为与会者意识到这不是"又一个研讨会"。

然后，该团队有机会灵活运用五种创新行为来解决他们所选择的问题，五种创新行为见表 4-2[⊖]。

表 4-2　五种创新行为

行为	描述
寻求协作	强化所需的协作行为来解决实际的组织问题，使团队获得成功
客户至上	帮助团队成员真正了解他们要为客户解决什么问题，如何做，以及为什么要这样做
充满好奇心	帮助团队成员挖掘他们与生俱来的好奇心，对现状提出质疑，并最终为待解决问题设计出优秀的解决方案
灵活应对模糊性	帮助团队成员发现他们解决方案背后的假设，以便他们能应对和消除主要的不确定性
充分赋能和授权	对于已经筛选出来的想法，提供加速进展的方法，同时意识到那些落选想法背后的努力

实践"寻求协作"

当各个团队花了 15 分钟将自己融入问题，他们就有机会积极地体验协作。这里首先要定义的是，团队想要怎样以寻求协作的方式来一起工作。为了让团队成员的不同才能和经验显现出来并且放大，每个团队成员都分享了他们独特的"超能力"。过程中，每位团队成员都向新认识的其他团队成员详细地介绍自己的各种能力，这让他们产生更多的反思，也让大家更放松。接下来，他们共同总结各种"超能力"如何帮助他们更好地进行团

⊖ 细心的读者可能会问，为什么这里的顺序与第一章的不同。第一章提出的清单遵循了创新的一般过程：充满好奇心所以开始启动，以客户为中心使要解决的问题浮出水面，协作性有助于制定解决方案，善于处理模糊性问题使这些解决方案更加完善，而授权赋能则有助于启动和扩大创新。然而，我们发现，在研讨会的背景下，先进行协作让人"感觉更正确"，因为这有助于各团队对当天的工作进行定位。

队协作。这个实践有时会让人发现惊喜，比如会写诗的律师、学过金融还懂财务建模的人力资源代表等[⊖]。

在这个阶段，另一个融入进来的 BEAN 开始发挥作用了，回想一下星展银行的 MOJO 程序（详见第二章星展银行案例），每个团队都指定了一个会议主持者（MO）和快乐观察者（JO），以确保更有效的讨论和合作。而下文补充内容"娜塔莉最喜欢的破冰方法"中提供了更多的建议，鼓励会议成员进入"寻求协作"和"客户至上"模式。

实践"客户至上"

为了帮助团队成员更好地理解他们正在解决的问题，他们接下来要遵循"客户至上"的原则。我们分享了"客户至上"的基础概念：客户在特定情况下想要解决的基本问题（在 Innosight 公司的几本书里有更深入的描述）。我们还分享了在客户讨论过程中发现基本问题的实用技巧，例如：

- 询问为什么，然后再问一遍。（这有助于找到根本的因果关系。）
- 从非常广泛的角度出发，了解背景。
- 提出中立的、非引导性的问题。
- 不要提供多个选择，只需要暂停一下。
- 精确：将一个问题的字数限制在 10 以内。
- 相信行动而不是陈述：鼓励讲故事，或者要求对方演示。

娜塔莉最喜欢的破冰方法

娜塔莉拥有为 Innosight 客户和同事设计体验和进行落地的丰富经验。除了第三章中介绍的"歌曲播放列表"破冰法外，她还喜欢使用下面介绍的两个破冰方法来帮助潜在的 BEAN 脑暴进入寻求协作和客户至上的模式。

第一种破冰方法非常简单，它可以帮助参与者相互了解，也可以更好

⊖ 这个方法还可以发现一些基本不相关但却很人性化的事实，比如一位作者在打地鼠（*Whack-a-Mole*）游戏里的几乎无瑕疵的记录。好吧，是斯科特。

地进入客户至上的模式。让团队的每个成员在白板墙上写下自己最喜欢的节目、播客和书籍，并在旁边写上自己的名字。你甚至不需要举行正式的汇报会来讨论白板墙上的项目，大家可以在休息的时候互相询问为什么喜欢这些节目、播客或书籍，进一步了解彼此。你可以从这个活动中获得惊人的能量，最后还能得到一个漂亮的"艺术品"。

另一个强大的破冰方法叫作"生命之河"。团队成员两两结对，花15分钟记下人生中的关键事件，包括高潮和低谷，以一种更具体、更直观的方式来展示时间线；然后，每个成员再花15分钟与他们的伙伴分享他们的时间河流。倾听中的伙伴不能问任何问题，要积极地倾听，以了解对方的价值观和动机。15分钟结束后，伙伴们互换角色。活动结束时，伙伴们轮流分享他们听到的对方的价值观和动机。这是快速了解他人的有效方法，也可以训练有效访谈时所需要的主动倾听技巧。

以上这些不是抽象的指导。每个团队都会收到一份真实客户的资料、一份帮助他们提出探究性问题的访谈指南，以及一份用于记录答案的模板。[⊖]例如，对于解决入职问题的团队，访谈指南让他们和客户重走一遍入职的过程，听客户描述她自己的情绪，挖掘具体的失望点，以帮助他们发现可以进行创新的地方。

带着这些指南，每个团队出发到大楼的各个地方，与真实的客户见面，采访他们真实的业务问题。公司的前员工们来与"前员工"团队分享他们的观点，"入职团队"去采访当月入职的员工，等等。这些客户访谈帮助每个团队建立起基本的洞察力，并转换视角，从他们所服务的客户的角度来建构他们想要解决的问题——这对于以客户为中心的组织来说是必不可少的。

⊖ 同样，这些的通用版本可以在网上找到。当然，还有很多好的工具和模板，这与我们第一天的工作有重叠。使用适合您的！

实践"充满好奇心"

在明确了要做的工作后,各个团队拥抱好奇心,制定创新的解决方案。每个团队都收到了事先准备好的"刺激材料",以帮助他们拓宽思路,质疑现状。"刺激材料"包括人力资源趋势、技术和相关案例。这些带来启发的案例来自已经为类似问题开创出创新解决方案的组织。例如,入职团队考虑到一些趋势如员工期望的提高,以及技术解决方案(如启用经过验证的雇用合同电子签名的技术解决方案),在他们的解决方案中能发挥的作用。另一个能启发人的案例研究概述了欧莱雅的文化 App 如何帮助其每年的11 000 名新员工理解和掌握欧莱雅独特的企业文化。案例研究有助于强化这样一个理念:好奇者会从那些曾经解决过他们问题的人身上寻求灵感,无论他们是在相关领域,还是在像化妆品之于电信那样不相关的领域。

为了在开发出解决方案的同时优先考虑客户的需求,各团队以"刺激材料"为参考,并遵循 Innosight 在其创新咨询工作中使用的结构化的"从发散到收敛"的构思过程。这个过程没有什么大的秘诀,但我们的经验带来了三个实用的建议:

(1)给人们几分钟的时间,让他们自己去思考,这有助于避免"群体思维"[⊖],并建立多元想法的广泛基础。

(2)给人们至少两次机会来发展和迭代想法。

(3)把时间安排得紧凑,使人们保持精力充沛。让人们欲罢不能总比让他们感到无聊要好得多。

向人们提出一些具体的问题,这些问题可以开辟新的探索途径。例如,你可以请与会者考虑以下问题:

- 我们如何解决痛点或应对挫折?
- 我们应该如何加强目前的工作?

⊖ 群体思维是指群体决策时的倾向性思维方式:为了维持群体表面上的一致,所有成员都要支持群体的决定,与此不一致的信息和声音很容易被忽视。——译者注

- 在实践中感叹"真棒"会是什么样子，会有什么感觉？
- 数字技术如何帮助我们？

实践"灵活应对模糊性"

在这个阶段，每个团队都有了一个书面的解决方案。但每一个创新的解决方案都可能有一部分是对的，也有一部分是错的。成功创新的诀窍是，尽可能快速、低成本地弄清楚哪些是对的，哪些是错的。这就需要严谨地辨别关键假设，以及严格地进行试验来为战略上的不确定性"导航"。

参与者们感受到了什么是"灵活应对模糊性"，他们也快速理解了需要在假设中尝试创新（借用斯科特《第一英里》（*The First Mile*）一书中的内容），并进行训练来识别和构建出这些假设。各个团队确定了他们关于解决方案的最大的假设，并考虑了如果这些假设是错误的，将会产生什么样的影响。高不确定性、高影响的假设需要首先解决，因此各团队设计了能够解决这些关键假设的试验。在这项活动结束时，每个团队都完成了一个简单的模板（见图4-2），描述了他们的想法。

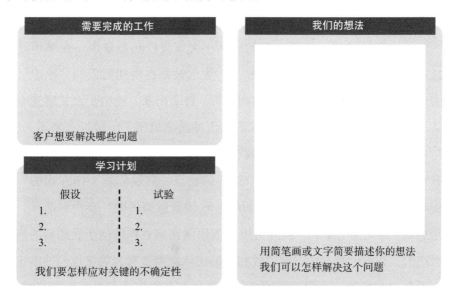

图 4-2 想法收集模板

实践"充分赋能和授权"

一个被赋能和授权的团队会发挥主动性，自信地做出决定，并为自己的行动负责。为了加强这种赋能和授权，谭艾琳已经事先同意，至少要实施其中一个团队的解决方案，而且在实施过程中，被选中团队的高层领导代表需要给予支持和指导。

每个团队都提出了他们的解决方案。一些简单又非常有效的想法出现了。例如，创造出很棒的入职体验的团队了解到，新入职的员工往往在第一天早早就来到了公司，之后他们就坐在接待区等待，不清楚等待自己的是什么，这种经历加深了第一天的焦虑。因此，团队决定在新入职者第一天上班之前，给他们发放一张接待区咖啡馆的优惠券。这样做有双重好处，既表现出欢迎新人的态度，又用咖啡填补了这段焦虑的时间。这个想法也可以扩展为让同一天入职的几个人相互交流。这样一来，他们来到公司的第一杯咖啡就成为新员工们的共同记忆。毕竟，公司存在的理由就是帮助人们联结彼此和相互交流！

第一天的总结

对于方案被批准、成功立项的团队，大家报以热烈掌声。在掌声逐渐平息后，是时候开始另一个 BEAN 了。先前被藏在房间后面的"冰凉"盒子出现了，盒子里的冰棍（当地话叫冰棒）被拿出来，递给了谭艾琳选中的团队。接下来，由某知名品牌制作的高级冰激凌出现了。转折点来了："更好"的奖品被奖励给了"挑战失败"的团队。虽然冰棍与高级冰激凌的对比有可能是噱头，但它强调了一个重要的观点：鼓励创新工作方式的一个关键环境因素是心理安全，在这种情况下，"智慧型失败"会得到奖励，而不是惩罚（详见第七章）。"挑战失败"的团队在狼吞虎咽地享受他们的高级冰激凌时，往往一脸喜悦，而"胜利"的团队则需要努力消化他们的本土冰棍。看到这种场景，主导工作坊会议、撰写本书的作者们也感到很有意思。

第一天活动结束，有两个关键信息作为总结。首先，这些行为是解决实际问题实用的、强大的方法，或者用本书中的语言来说，可以推动做成一些创造价值的不同的事情，即创新。因此，当天离开时，大家都精力充沛，并致力于遵循新的行为模式。其次，这些行为模式和工作方式在人力资源部门内并非日常习惯，因此，第二天大家探讨了为什么会出现这种情况，以及该如何应对。

第二天：BEAN 脑暴

激活会议的第二天在一个致力于催化文化变革且充满活力的房间中开始了。前一天还在为解决实际人力资源业务问题而努力创新的团队，现在把精力转向了创造 BEANs，将这些工作方式固化到组织里、融入文化中，使其成为日常行为和习惯，以释放出团队潜在的创新能量。

每个团队都会被分配一个比较广泛的工作方式主题，例如，好奇心。大家将用一天的时间专注于此。在快速了解创新文化的组成部分后，各团队经历了一个明确定义的过程，在这个过程中，他们对期望的行为有了更具体的了解，并明确界定了期望行为面临的障碍，然后对其进行头脑风暴和迭代，最后提交自己的 BEANs。表 4-3 总结了这个过程中的活动。

表 4-3 第二天的活动

活动	说明
对期望的行为进行细化	对期望的具体行为进行定义，并设立优先级（"如果我们能……那就太好了"）
识别行为面临的障碍	发现并分享阻碍日常遵循期望行为的因素（"但我们却……"），尤其要关注现有行为或习惯
进行头脑风暴并改进 BEANs	完成简单的模板，并从其他团队那里得到快速反馈，了解如何鼓励已确定的行为并克服已选择的阻碍因素（"所以我们应该……"）
演示并选择出获胜的 BEANs	让每个团队展示他们的 BEAN，并选出优胜者来实施

对期望的行为进行细化

BEAN 脑暴流程的第一步要求团队细化所期望的行为，将其从一个高大上的名词，变成符合组织环境的具体工作方式。例如，负责"好奇心"

行为的团队定义了更具体的工作方式，如不自满、对新想法持开放态度、采用学习的心态等。每个团队都有一份来自创新文化调查的详细报告，用来指导讨论。然后，各个团队开始更加具体地描述，如果他们在人力资源部门的日常工作中遵循这些来指导行为会是什么样子。例如，一个采用学习型思维的人力资源领导者会努力实现个人的持续改进，定期提升自己的技能。

BEAN脑暴可以帮助将一些行为变成习惯

如果一个团队在这个活动中卡住了，会议主持者会鼓励他们完成陈述，"如果我们能……那就太好了"。尽可能精确地完成。这里的目标是建立一种行为与心态，所以你要用动词，也就是说"我们将这样做"，而不是名词，比如说"我们是这样的"，而且越具体越好。例如，一个致力于"寻求合作"的团队在深入说明"我们将打破筒仓效应"这一期望行为之前，首先需要把一个行为作为开始："我们将为项目团队配备至少来自三个不同职能部门的员工代表。"

一旦每个团队都建立了一长串既广泛又具体的行为清单，他们就会优先考虑如果想要建立日常仪式或习惯，哪一种行为将会对其文化产生最大影响。优先级的确定很重要。越是具体的行为，越容易创造出高影响力的BEANs。试图建立多个行为，有可能导致 BEANs 过于复杂。细化则有助于将影响最大化。

识别行为面临的障碍

至此，每个团队都已经确定了一些具体的工作方法，概括出了给定的行为，并描述了在实践中的样子和感觉。接下来，他们将注意力转向描述目前阻碍这些行为的因素。换句话说，为什么这些行为还没有发生？团队提出并讨论了许多读者可能很熟悉的障碍，例如过于以指标为导向（在新加坡电信集团的案例中，以关键绩效指标为导向）、直接跳到解决方案，以及害怕犯错。不要破罐子破摔，要把"拦路虎"看得越清楚越好，也就是做得越细越好。我们看到人们经常以"我们没有时间"或"我们没有适当的培训"这样的障碍开始。这类极其表面的障碍似乎很容易解决；如果你缺乏技能，要么投资培训，要么雇用具备这些技能的新员工，要么组建一个专家团队来加快进度。然而，我们的经验表明，障碍通常更加微妙。文化是复杂的，是相互影响的。如果你不深入到表面之下，干预措施就不会奏效。换句话说，如果你给人们更多的时间，他们往往会继续以错误的方式做事情。即便你训练他们新的技能，他们也不会使用，因为这些新技能不适合现有的常规。你要鉴别出的是我们所说的"识别行为面临障碍"。换句话说，你的目标是遵循行为 A（"如果我们能……那就太好了"），但是你却在遵循行为 B（"但我们却……"）[⊖]。如果你正在头脑风暴中讨论障碍，你听到某个人说了一些肤浅的话，比如他问道："我们为什么要这样做？"或者"你能说得更具体一点吗？"比如，与我们合作的一个团队说，恐惧阻碍了灵活应对模糊性的欲望。深入挖掘后，他们的恐惧浮出水面：担心领导可能会要求提供更多关于某个想法的数据，这将导致更多的工作。因此，在会议上，他们不会提议测试某个想法，因为他们担心这会带来额外的工

⊖ 在《对变化的免疫力》（*Immunity to change*）一书中，罗伯特·基根（Robert Kegan）教授和莉萨·拉斯科·莱希（Lisa Laskow Lahey）教授将其称为"竞争性承诺"，并指出这样做往往是出于非常合理的原因，以保护人们免受耻辱和内疚之苦。人类，一如既往是复杂的。

作，而是静静地坐着。^{⊖⊜}

很显然，你越是清晰地识别出是什么阻碍了所期望的行为，就越容易制定出一种高效的方法来克服它。然而，讨论障碍可能会很困难，因为参与者没有关注积极的、肯定的行为，而是关注挑战，这意味着谈话很容易变得失望沮丧、意志消沉。讨论微妙的话题，甚至是"反主流文化"（countercultural）的东西是很难的，因此要给它带来一些乐趣。在新加坡电信集团，我们建造了一堵"墙"。我们让每个人拿起一个被喷成砖红色和黄色的纸巾盒作为砖头，每个人都在砖头上写下自己目标行为的重大障碍，并签名。然后当平克·弗洛伊德[⊜]（Pink Floyd）的（*Just Another Brick in the Wall*）开始播放时，每个人都走上前去，仪式性地将一块砖头放在不断升高的墙上，42 个以上（因为其中几个"狂热者"做了不止一个！）的纸巾盒堆在地上，形成了一堵大小可观的墙。在一天的 BEAN 脑暴结束后，大家一起动手拆除这面墙，这是一个充满力量的时刻。此外，团队"造墙"的仪式不仅让每个人面临的"障碍"变得具象化，而且也创造了另一个仪式：在一天结束时，人们可以取回他们的砖块，并把它们放在自己的办公桌上。在办公室，这些砖块不仅可以作为一个方便的纸巾盒，还可以成为一种日常提醒，提醒他们曾经努力克服的障碍。（关于另一种让障碍引起关注和具体描述的方法，见"在星展银行，让阻碍水落石出"。）

进行头脑风暴并改进 BEANs

现在，每个团队都知道自己需要做什么：找到一种方法来鼓励一种特定的行为，或者克服这堵墙里占据了大量空间的一个障碍。此时，我们正

⊖　在心理学文献中，有一个与此有关的好词——社会惰化。

⊜　社会惰化是指个人和他人共同完成某些任务时，可能就会不努力工作或者付出很少的努力。——译者注

⊜　摇滚乐队，最初以迷幻和太空摇滚音乐知名。——译者注

式提出了 BEAN 的概念。当然，大家已经用过 BEAN，比如亚马逊的未来新闻发布会、星展银行的 MOJO，以及我们的冰棍和高级冰激凌奖品，但在这之前，我们一直有意识地避免深入研究 BEANs。我们在第三章中详细描述了什么是 BEANs，为什么它们有效，以及一个成功的 BEAN 具有哪些要素。

然后，各团队按照和前一天相同的"先发散，再收敛"的过程来开发出业务问题的解决方案。每个团队都收到了定制的"刺激材料"，包括相关的视频和一个精心设计的"BEAN 口袋"。袋子里的卡片展示了来自世界各地的组织的案例研究，这些组织创造了与行为和特定工作方式相关的BEANs。例如，探索"灵活应对模糊性"这一点的团队可以考虑 Spotify 公司的"失败墙"，公开分享团队的失败，让其他人可以从中学习。正如巴勃罗·毕加索（Pablo Picasso）的名言：好的艺术家只会模仿，而真正伟大的艺术家会剽窃。

在充满活力的 45 分钟会议结束时，每个团队都完成了一个初始模板，概述了他们想要鼓励的行为（"如果我们能……那就太好了"）、他们需要克服的行为障碍（"但我们却……"）、BEAN 的草图，以及描述它如何结合行为赋能器、人工道具和助推器来推动变革。BEAN 模板的一个版本如图 4-3 所示。

有了他们的 BEANs 草案后，每个团队都遵循一个"快速约会"的过程来获得快速反馈。每个团队都有两名"BEAN 大使"在房间里轮流展示他们的 BEANs，并针对以下五个问题接受同事的反馈：

1. 我们能否想象在新加坡电信集团人力资源部门内实施这个 BEAN？
2. 人们是否有足够的动力将 BEAN 融入日常生活中？
3. 我们能想象重复使用 BEAN 吗？
4. 它能有效地推动行为改变吗？
5. 我们将如何定义和衡量 BEAN 的成功？

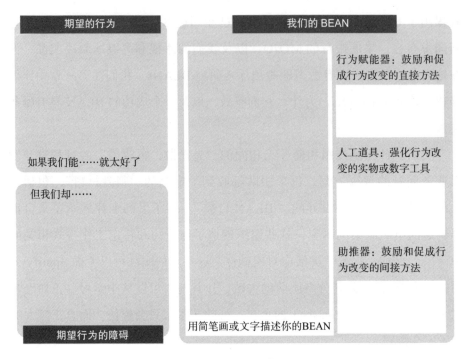

图 4-3　BEAN 模板

在星展银行，让阻碍水落石出

　　为了帮助星展银行有针对性地塑造海得拉巴中心的文化，Innosight 公司委托汤姆·菲什伯恩（Tom Fishburne）创作漫画（汤姆是哈佛商学院的毕业生，他经营着一家为商业目的开发精品漫画的机构）。他创作的一幅漫画显示，一位神情焦急的高管对一群人说："还有谁要提出假设测试一下吗？"与此同时，之前回答他问题的人羞愧地蹲在角落里。这尤其引起了新加坡人的共鸣，因为这是本地传统的学校对不良行为的惩罚。另一个插图上，一位行政助理在办公桌前向高管伸出电话的听筒。助理说："客户在二号线上。"烦躁的高管边冲向会议室边回应道："你来接吧。我们马上要开一个关于'客户至上'的会议。"开会讨论一个话题，会挤掉真正面对这个话题的时间吗？太精辟了。

　　这些漫画其实是一种很好的方式，来讨论星展银行如何才能真正善于处理模糊性问题和如何为客户着想，但想出这些漫画的过程也同样重要。我们建立了一个由星展银行管理者组成的跨职能团队，他们都很关心星展银行文化的塑造。汤姆带领他们进行对话，挖掘出特定的故事，探索星展银行为什么没有实现"成为 28 000 人的创业公司"的愿望。他们的讨论是非常坦率且具有批判性的，同时充满了欢笑，因为大家交流和分享了在组织中经常出现的、非常典型的缺点。这个团队在离开时带着深度的参与感，迫切地渴望想要解决这些问题。基于这些而创作的漫画，使得星展银行更广泛的群体在看到管理者仍旧用老方法处理问题时，尝试对话的同时拥有一定的安全感。

　　在 2018 年的 TED 演讲中，菲什伯恩分享了他对于商业环境中幽默感所具有的力量的看法。"我认为，成为障碍的其实是恐惧。正是这种恐惧使我们不敢尝试新事物，让我们被现状束缚住，使我们无法最好地工作，"他说，"我认为幽默感是商业中最重要但完全被忽视的工具之一。如果我们真的想克服这种恐惧，我们必须学会笑对自己。"

　　对同事们的反馈进行理解后，各个团队对 BEANs 进行了完善，并制订了操作计划。各个团队详细说明了将如何推出他们的 BEAN，以及如何跟踪和衡量它。

演示并选出获胜的 BEANs

最后，每个团队向他们的同事和谭艾琳演示他们的 BEAN。我们鼓励各团队排演一个赋予他们 BEAN 生命的短剧（并为这两天的艰苦工作带来一点乐趣），通过角色扮演为演示过程带来新鲜活力。新加坡电信集团人力资源部领导对最可行、影响力大的 BEANs 进行了评估，批准符合标准的 BEANs 晋级。

最后一次引入 BEAN 案例的时间到了！这一次，Innosight 团队引入了奥多比的"启动盒子"的改编版（在第三章中描述过）。每个获胜的 BEAN 脑暴团队收到的"新加坡电信集团的人力资源启动盒子"中，包含了每个团队成员半天的假期，他们可以用来进一步发展自己想法，另外半天的带薪假期作为奖励，以及 500 新元（约 375 美元）的信用额度来资助 BEAN 的改进。

有一个 BEAN 的例子带有一点加强"客户至上"的含意。这个团队希望鼓励的行为是将客户（在本例中为新加坡电信员工）的声音带入每次人力资源讨论中。他们发现的行为障碍是，新加坡电信集团通常以"我们计划做什么"这样的问题开始讨论，而不是"我们要解决什么问题"或"我们为谁解决这个问题"开始。因此，人力资源团队过于频繁地屈从于极度的内向思维。核心的行为赋能器是一个计划的仪式，以确保每次会议都包含对"这里的客户是谁？"（Who Is The Customer Here）这个问题的讨论。（这形成了一个很容易记忆的缩写 WITCH，即女巫的意思。）此外，他们将寻求"关注的是什么？"和"结论是什么？"的回答。WITCH 适合用多种人工道具来强化这一理念。研讨会结束后几个月，员工的笔记本电脑开始贴上 WITCH 贴纸，贴纸上有一顶女巫的帽子，作为一个明显的提醒（也是一个很好的暗示）。每个人都有一个客户，这个客户有需要解决的问题。大约在启动会议结束后的 18 个月，谭艾琳在一次补课会议上告诉斯科特和安迪，她相信 WITCH BEAN 对人力资源部门产生了重大影响，她分享的故事强化了这种影响，让人力资源部聚焦于围绕客户、关注点和结论的建设性进行讨论，进而确保更有效和更高效的决策。

成功的关键

新加坡电信集团的例子表明，为期两天的启动会议和 BEAN 脑暴的成功有三个关键因素。

第一，在解决文化问题之前，先证明文化为何重要。人们必须首先实践这些新的行为，然后再设计激励和推动这些行为的方法。即便每个人都了解文化的重要性，也不意味着每个人都愿意投入时间来推进文化。提供关于特定行为力量的第一手经验，是说服人们相信 BEAN 脑暴的重要性，它是激励和推动这些行为的最好方法。

第二，细化行为。越是具体的行为，越能够定义具体的障碍，也就能形成越好的 BEAN。BEANs 在针对特定行为时效果很好，比如将客户的声音带入会议，而不能针对非常广泛的工作方式，比如"客户至上"。

第三，在创建 BEANs 时注入更多 BEANs。一个优秀的 BEAN 脑暴应该包括很多 BEANs。这不仅让 BEAN 脑暴更有趣、更有吸引力，而且还强化了一个理念：优秀的 BEAN 拥有改善我们工作方式的力量。

启动会议结束之后

在一次精彩的启动会议之后，人们往往很想要宣告胜利。但是，请回顾一下海得拉巴中心案例中的第四步：细化和实施 BEANs。即使是最好的准备和最吸引人的 BEAN 脑暴，最多也只能让你得到非常粗略的产出。这就是为什么我们经常把包含 BEAN 脑暴的环节称为"启动会议"。一个典型的 BEAN 脑暴所创造的可能仅是内核要点，还需要漫长的过程才能成为真正优秀的 BEANs。当人们重新进入自己的组织时，他们按计划进行干预的热情会随着"战略阴影"的出现而消散，人们会倾向于回到旧的习惯。

完成创新文化的"冲刺"，需要对选择出的 BEANs 进行完善、测试、修改、迭代，如果成功的话，还需要推出和推广。这意味着需要有一个人，最好是能有一个团队负责执行，并根据数据不断改进 BEANs。此外，这不能是某个已经有太多事情的人的第 35 个责任，它必须是某个人的首要任务[⊖]。

在新加坡电信集团的案例中，"催化剂团队"迭代和实施了研讨会的 BEANs，如 WITCH，并构思了新的 BEANs。该团队还开发了创新的方法，将研讨会上讨论的概念传达给更广泛的人力资源社区。他们聘请了一位当地音乐家创作了一首广告歌，使他们的工作方式更有纪念意义。找到让新语言和概念易于记忆的方法，有助于加强理解并进一步推动文化变革。

"冲刺"的结束并不意味着文化变革之旅的结束，它只标志着下一阶段旅程的开始。冲刺本身从通用的期望行为开始，让通常的、粗浅的障碍浮出水面，受到人们的注意，并开发出一些 BEANs。干预措施只集中在一个团队、小组或部门，时间和重点的限制意味着要避免对上层系统和结构进行深入的研究和行动。因此，这个过程的测试阶段衔接了冲刺阶段和试点阶段，以便扩展到组织中更多的地方。在这个阶段，人们致力于定制行为，

⊖　几年前，斯科特参加了一次会议，会上有人说"重点"（priority，或优先事项）一词直到约100 年前都一直是单数。事实上，字典中对"优先事项"的定义是"被视为或被对待为比其他更重要"。当然，今天我们都有多个优先事项，包括那些看起来有冲突的优先事项。所以我们这里的经验法则是至少指定一个人把"推动 BEANs 前进"作为他们最重要的项目。

确定"障碍背后的障碍"，建立额外的 BEANs，并加深对培育创新文化所需的支持性基础设施的理解。然后，工作变得更加正规化，人们逐渐适应新的常规角色。试点阶段之后就是全面启动阶段，在这个阶段，你要开发一个可重复使用的文化手册，说明如何识别和启动新的 BEANs；建立必要的基础设施，以加强已识别出的行为变化（包括正式负责建立基础设施和持续管理文化的人员）；并打破主要的障碍。

星展银行使用了一个名为"文化雷达"的工具来促进文化变革。基于思特沃克公司（Thoughtworks，一家总部在美国的 IT 技术咨询公司）为了跟踪新兴技术创造的概念，星展银行将每个 BEAN 试验绘制在一张由同心圆组成的纸质图表上。"文化雷达"上的每一段都对应着一个目标行为，每一个圆圈都代表着试验进行的地方。

为了使用这张图表，保罗的团队将每个 BEAN 与相关的目标行为放置在一个环形的部分中。处于试验阶段的 BEAN，如果是单个团队在进行试验，就会靠近雷达的外缘。随着时间的推移，保罗和他的团队会定期审查雷达。随着采用率的提高，BEANs 向中心移动，越来越靠近，直到它们进入靶心，代表全公司都采用了。同时，从图表中剔除不成功的 BEANs。这种可视化的方式便于跟踪进展、找出差距，并加强预期——并非所有的 BEANs 都会成功。当然，"文化雷达"本身也是一个 BEAN。

表 4-4 总结了文化变革的各个阶段。本书第二部分中包含了促进文化变革历程的工具和灵感，最后的附录介绍了文化变革文献中的关键主题。

表 4-4　文化变革阶段

	Alpha（初版）/冲刺	Beta（测试版）/试点	完整版落地
执行重点	聚焦范围（单一团队、部门或职能）	扩大范围（两到三个小组、部门或职能）	全面扩展
行为	广义的行为被认为是给定的（即五种创新行为）；具体的行为被粗略地定义	定制化的广泛行为和更详细的特殊行为	在文化手册中编纂"生活方式"
障碍	识别出 1～3 个显性且清楚的障碍	查清"障碍背后的障碍"，为基础设施的建设提供信息	核心的障碍被移除，现在专注于"障碍背后的障碍"
BEANs	识别并推出 1～3 个"足够好"的 BEANs	完善和加强初始 BEANs，推出新的 BEANs	创造 BEAN 的造方法论的编撰和发布
建立基础设施和环境	无	关于开发支持性系统和结构的建议	关于正在实施的支持性系统和结构的建议
支持性资源	有 1～2 个成员的专门的催化剂小组	新出现的催化剂小组	一个正式的催化剂小组
支持性文件	无	一份"文化手册"草案（包括对未来文化的鼓舞人心的描述）	最终确定的文化手册
时长	4～6 周	2～3 个月	一直进行中

章节小结

∴ 文化冲刺是在团队、小组或部门内，创建创新文化初始版本的有效方法。

∴ 文化冲刺的核心是一个为期两天的启动会议。第一天的会议为与会者提供了实践所需行为的机会，而第二天的会议则专注于 BEAN 脑暴。

∴ 启动会议之前，应先开展重点活动，以定义在特定情境下有意义的期望行为，识别障碍，并创建定制的 BEAN 脑暴和"刺激材料"（即其他具有相关性的案例）。

∴ 启动会议之后，要想产生影响，需要集中资源培养现有的 BEANs，并创建新的 BEANs。这还需要齐心协力举行一些活动来传播、扩大和加强文化变革。

本书的第二部分将帮助你推动组织的文化变革，使之持续下去并扩大规模。第二部分将围绕创新之旅的各个阶段展开[一]。

▌第五章: 发现机会（通过"充满好奇心"和"客户至上"来实现）。

▌第六章: 为好想法绘制蓝图（通过"寻求协作"和"客户至上"来实现）。

▌第七章: 评估和测试想法（通过"灵活应对模糊性"和"充分赋能和授权"来实现）。

▌第八章: 推进创新（通过"充分赋能和授权"和"寻求协作"来实现）。

首先，对于每个阶段，我们将提供一个包括行为赋能器、人工道具和助推器三部分的 BEANs 列表，我们将其称为完整的 BEANs；另一个列表包含 3～4 个不完整的 BEANs，这些 BEANs 有行为赋能器、人工道具和助推器三者其中的一个或两个，但并非全部[二]。

其次，BEAN 增强剂能帮助最大限度地发挥所选 BEANs 的影响。"助推器"这个比喻，是指能帮助创新蓬勃发展，用资源的形式为 BEANs 提供

Eat
Sleep
Innovate
—————

第二部分

技巧、诀窍和工具

⊖ 当然，创新并不是一个画地为牢的线性活动。创新是一个综合的、反复的过程。但我们发现，这四个阶段可以将推动创新成功的不同活动分开。

⊖ 你也许不会惊讶，大家对如何给这些不完整的 BEANs 命名产生了很大的分歧。嫩芽？种子？碎片？切片？读者的其他好建议我们都会采纳。如果本书采用平装本印刷，我们会改掉这个名字，并把全部功劳都给你！

"养分"。同时，通过建设支持性基础设施，确保环境有利于创新。

再次，每个部分也会配套一两个启发案例。一些案例展示了领导者成为新行为的榜样，另一些案例展示了组织内部全方位的变革努力，还有一些案例展示了更多基层创新的行为。

最后，每个阶段都会提供一个工具，有助于推进创新旅程。

Eat
Sleep
Innovate

第一阶段：发现机会

迈向创新文化的第一阶段，是找到一个值得解决的问题。继续往后看，你会了解到丹佛斯（Danfoss）的"月球上的人"竞赛如何激发好奇心，宝洁的"消费者即老板"行动如何从根本上改变了公司的方向，一位四星将军如何通过重返校园来重塑好奇心，以及一份简单的检查清单如何帮助你评估自己或团队的好奇心。

相关的 BEANs

在创新之旅的初始阶段，好奇心和客户至上是最重要的。让我们看看激发创新行为的 BEANs。完整的 BEANs 见表 5-1，不完整的 BEANs 见表 5-2。

表 5-1   发现机会的完整 BEANs[①]

组织和 BEAN 名称	说明	行为赋能器	人工道具	助推器
丹佛斯：月球上的人	鼓励开拓思维的创新大赛	确定清晰的、值得解决的问题	与年度竞赛相关的东西，包括一个内部网站	与比赛有关的历史故事
谷歌：官僚主义克星	在全组织范围内举行"构想会议"，为减少组织的繁文缛节、官僚主义提供想法	注重改进内部业务	基于网络，对想法进行投票	用众包的方式激发持续的好奇心
大都会人寿："流明实验室"的客户墙	用结构化方式帮助员工更好地与客户建立联系	在头脑风暴会议开始时举行仪式：画出客户	展示区域客户生活的视频和实物提醒	墙上展示关于客户的视觉化背景；会议参与者有权在讨论中"喊出"缺席客户的声音

① 细心的读者会注意到，第二部分中大约有一半的 BEANs 不是来自于 NO-DET，而是来自于 FAANGs、创业公司和迪士尼旗下的皮克斯这样的标志性创新者（如果你对这句话中的缩写不了解，请回到引言部分查看）。我们当然相信，任何组织都应该受到这些前沿公司的启发，并从它们那里汲取好的经验，但也应该意识到重要的背景差异，以确保所做的事情在自己所处的背景下是有意义的。

表 5-2   发现机会的不完整的 BEANs

组织和 BEAN 名称	描述
核心地带（HubSpot）：无限的免费书籍	一个任何人都可以免费获得任何书籍的程序
澳都斯（Optus）：闭门会议	一个让人们与客户关系团队一起在商店里度过一天的项目
高通（Qualcomm）：我的痛点	个人分享有趣的文章或经验以激发创造力的仪式
高通：难倒谷歌	通过尝试设计一个"搜索无结果"的谷歌查询来实现创意，即在 Google 搜索上没有出现过的"新事物"

丹佛斯：月球上的人

如何激发人们的好奇心？我们自然而然会想到应该消除限制，以便人们能够联想到新的以及不同的东西。但矛盾的是，研究结果表明限制条件反而能激发创新[⊖]。丹佛斯是一家丹麦的工业公司，它为食品冷却、建筑物

⊖ 奇普·希思和丹·希思在《让创意更有黏性》(Made to Stick) 一书中给出了一个很好的例子，让大家集思广益，想出他们能想到的所有白色物体。通常情况下，你会看到一片茫然的眼神。然后，请大家集思广益，说出他们能想到的所有在冰箱里的白色物体。人们思想的闸门将被打开，涌现出很多意想不到的答案。

的供暖和空调提供工程师解决方案。在每年的"月球上的人"竞赛上，丹佛斯会向全体员工征集建设，关于建立全新业务线、建立与现有业务线相关联的业务，或是改进现有业务的建议，实现了5～10倍的业绩提高，降低了50%以上的成本。丹佛斯凝聚了全球28 000名员工的创新能力，花时间收集建议并选出有价值的项目，提高了创造出与众不同新价值的可能性。围绕竞赛的宣传品则有助于增强人们的好奇心，奖品本身成为一个重要的人工道具。胜出的团队将会收获为期三周的麻省理工学院之旅，并回国后可以用六个月的时间，发展这个项目。

竞赛中出现的一个创意例子是"前瞻性维护"，它使丹佛斯能够预测即将发生的故障，并进行前瞻性维护。丹佛斯的设计经理迈克尔·格沃特鲁普（Michael Qvortrup）称赞这个想法"聪明、新颖、易于实现"。

谷歌：官僚主义克星

2009年，谷歌启动了一个名为"官僚主义克星"的项目。它与丹佛斯的"月球上的人"BEAN有很多共同之处，但主要聚焦于员工日常经历的挫败和失望。谷歌员工被要求找出被官僚主义牵制绩效的领域，然后开发新的方法来打破这种官僚主义。谷歌号召员工对众多想法投票，并承诺实施最受欢迎的想法。谷歌第一次运行这个项目时收到了500个想法，而提交的投票超过50 000张，这说明谷歌确实发现了一类值得解决的问题。

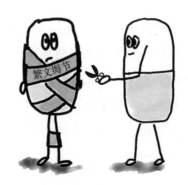

大都会人寿：“流明实验室”的客户墙

客户至上有助于发现创新机会，通过深入了解对当前和未来客户而言最重要的问题（即我们所说的“需要完成的任务”）⊖。

2014 年，大都会人寿在新加坡开设了一个新的创新中心，名为“流明实验室”⊖。当你走下新加坡大都会大厦 21 层的电梯，进入流明实验室，你会立即进入区域客户的世界。你会看到一些工艺品，从而想起在亚洲的日常生活。墙上挂着客户的视觉化材料，随时提示大家“客户优先”的原则。新来的游客往往喜欢观看短视频，让自己沉浸在区域客户的视角中。例如，一个视频讲的是一位日本老人和儿子一起做午饭。儿子让父亲去超市，但父亲迷路了。他坐在公园的长椅上，直到儿子找到他。父亲非常难

⊖ 对于跳着读的读者（“非线性读者”）来说，在第一章中，我们参考了克莱顿·克里斯坦森（Innosight 公司的联合创始人）、大卫·邓肯（Innosight 公司的高级合伙人）和其他两位作者所写的《与运气竞争》，这本书中阐释了“需要完成的任务”（jobs to be done）这个概念。

⊖ 大都会人寿选择了“流明”（lumen）这个不常见的词，维基百科将其定义为“单位时间内光源所发出的可见光总量的衡量标准”，寓意这个实验室为大都会人寿的创新“点亮道路”。后来，大都会人寿决定将创新融入运营部门，并在 2020 年关闭流明实验室。

过，因为他不希望自己的病情影响儿子。大都会人寿虽然卖的是保险，但这个小视频展示了老龄消费者极力想要避免让子女感觉自己是个负担的心理。

为了进一步推动以客户为中心，"流明实验室"设计了一个仪式，即通过在墙上投影目标客户的照片或画出客户画像来开始会议，当讨论偏离客户时，会议平台有权介入。"流明实验室"还提醒团队成员使用动词（即描述客户在做什么），而不是名词（即描述客户是什么）。

不完整的 BEANs

到现在为止，我们的立场一直都是当 BEANs 包含所有三个部分时，才最有影响力。虽然完整的 BEANs 是最强大的，但不完整的 BEANs 也可以很有力量。比如说，澳都斯是新加坡电信集团的全资子公司[⊖]，其"闭门会议"计划中已经有数千名员工参加了"客户特写活动"，员工在店里与客户关系团队一起度过一整天。员工以购物者的身份去店里消磨时间、消费、跟随销售代表，并与客户直接互动。这帮助员工与客户产生更深的共鸣，并最终改变他们对业务的一些主观假设。

如果你在领先的数字营销公司"核心地带"工作，并且对一本书产生了兴趣，那么你很幸运！核心地带的任何员工都可以通过提交表格，索要任何书籍（在合理范围内），核心地带将在一两周内免费向员工发送电子

⊖　是的，这就是在第四章中勇敢地实践创新行为和在 BEAN 脑暴中想出 WITCH（女巫 BEAN）的英雄。

版或影印本，不需要寻求批准或交费[⊖]，这是鼓励员工持续学习的一个简单方法。

半导体巨头高通公司有两个有趣的项目帮助团队在头脑风暴前打开思路。第一个项目名为"我的痛点"：在用户体验会议开始时，任何有兴趣的人都可以谈论自己读过的文章或自己的痛点，无论是个人还是工作相关的；第二个项目被称为"难倒谷歌"：在创意会议上，团队会玩一个游戏，即一起抛出一个新想法，在谷歌搜索引擎查询这个想法，也只能查到很有限的结果[⊜]。

BEAN 增强剂：宝洁的"消费者即老板"运动

宝洁拥有相当悠久而且让人感到自豪的创新历史。1837 年蜡烛制造

⊖ 一个有趣的事实：你有可能正在阅读一本实体书。10 多年前，当电子阅读器出现时，斯科特报告的销售额中约有 30% 是数字化的。到了 2020 年，这个数字已经降到了 20% 左右，对于商业书籍来说，一般都是如此。因为商业书籍是作为礼物赠送的，人们喜欢在书中做笔记，因此就是要让这些书骄傲地展示在书架上。我们认为新冠疫情不会从根本上改变这些情形，当然，我们对任何可能性都拭目以待。

⊜ 在撰写本节草稿的过程中，作者在 Google 上搜索"创新文化"，得到了约 1240 万个结果（如果去掉引号，则有约 7.31 亿个）。搜索"Behavior enabler, artifacts and nudges"返回 152 个结果，加上牛津逗号又增加了 24 个结果。这导致作者将音乐从"兽人乐队"（Of Monsters and Men）切换到"吸血鬼周末"（Vampire Weekend）。这个注解让我们最喜欢的一位评论家感到困惑。因为牛津逗号是斯科特最喜欢的乐队之一"吸血鬼周末"的一首精彩的歌曲。

商威廉·波克特（William Procter）和肥皂制造商詹姆斯·甘布尔（James Gamble）在俄亥俄州辛辛那提市创立了宝洁，并以品牌为基础建立了整个产品类别，如汰渍（Tide）洗衣粉 [在美国以外的地区，也可能以碧浪（Ariel）为品牌]、帮宝适（Pampers）一次性尿布和速易洁（Swiffer）的快速清洁产品。宝洁还推动了行业商业模式的转变，如大众市场广告、品牌电视剧（宝洁创造了第一部"肥皂剧"），以及同种品类的品牌竞争。宝洁被广泛认为是以消费者为中心的典范，营销人员将对细分市场的精准理解与9000 名科学家的产出相结合，通过创新不断推动增长。

然而，从 20 世纪 90 年代开始，宝洁似乎开始与消费者渐行渐远。A. G. 拉弗利（A. G. Lafley）在 2000 年—2009 年和 2013 年—2015 年两次担任宝洁的 CEO，他在宝洁重新回归"以消费者为中心"的过程中发挥了关键作用。1977 年，拉弗利从哈佛商学院毕业后加入宝洁。在北美成功地担任了一系列职位后，他于 20 世纪 90 年代中期转任宝洁日本业务负责人，1998 年才回到总部。拉弗利看到的一切，都让他感到惊讶：

"1998 年，我在公司非常清楚地感受到，我们每天都很忙，"他告诉我们，"我们的耳朵贴在手机上，我们的脑袋埋在黑莓手机和掌上电脑（Personal Digital Assistant，PDA）里，我们被消耗在各种会议上。但仔细想想，最终我们留下了什么呢？我们的脸始终面向内部，而我们的背正对着客户。"

2000 年，在拉弗利"出人意料"地接任 CEO 后不久 [前任 CEO 杜克·杰格（Durk Jager）上任不到两年]，拉弗利和他的团队就开始了多方面的努力以调整公司的方向。他用"政治演说"的形式引入了一些尝试，比如像这样的演讲：

女士们，先生们，我想要向你们介绍你们的新老板。你们可能认为我——你们的 CEO 和董事长，就是老板，但我不是；你们可能认为，可以雇用和解雇我的董事会才是老板，但它不是；你们可能认为，挑选董事会成员的股东是老板，但他们不是；你们还可能认为，你的顶头上司是老板，但他也不是。我们有一个，也是唯一一个重要的老板：消费者。消费者是老板。他们每天所做的决定——选择或不选择我们的产品，使用或不使用我们的产品，是决定我们公司成败的关键。所以，我们必须投入资金，比以前更深入地了解我们的老板。

消费者就是老板。安妮·丽莱·康恩（Anne Lilly Cone）是一位新晋的市场研究者，她的任务是在宝洁的一个部门进行试点。"尽管这对我的职业发展有好处，"安妮·丽莱·康恩回忆道，"但我起初并不情愿，因为在这部分业务中，领导层对消费者漠不关心的文化由来已久。但我很快就相信了拉弗利和其他人对我团队未来工作的大力支持。"

试点的实质是要从根本上增加高管在市场上与消费者接触的时间。用经典的、宝洁的方式，严格组织活动，精心安排（但并没有划分阶段）市场沉浸，然后由熟练的法务人员进行结构化汇报。试点最终成为公司范围内践行"如此生活，如此工作"原则的基石。在这个项目中，宝洁的每个人，从拉弗利开始，都会定期外出，在消费者面对的自然环境中与他们相处，观察他们在家中做什么，与他们一起购物、一起工作，在某些情况下，甚至与他们一起生活。

反思这段历程，安妮·丽莱·康恩总结了三点体会。首先是管理任务。"领导力提供了一个像水晶一样的焦点，在过去相当长的时间里，员工们没有看到这样统一的中心。"其次是领导的榜样作用，"没有例外，没有借口"。最后是给予这项工作最高的优先级并且不懈追求："总是放在周一上午，而不是周五下午"。

今天，如果你走进宝洁在世界任何地方的办公室，你都会受到消费者的"迎接"：消费者巨大无比的照片挂在墙壁上[一]，你可以在每一次讨论中感受到消费者。宝洁和所有公司一样，经历过起起伏伏，但毋庸置疑，"消费者就是老板"的努力留下了持久的印记。

| 案 例 研 究 |

克里斯爵士上学记

2019 年，当你的日历提醒你将要访问一个军事设施时，你也许会给自己留出额外的时间来通过不可避免的安全检查，你也许会仔细考虑穿什么衣服，以及它如何与军事服装相适应。但如果那个军事设施是"jHub"[二]，你就准备好迎接惊喜吧。因为你去目的地的旅程不会在军事设施的边界上结束，而会在伦敦创业热土中的一个协同办公空间里画上句号。午餐是街边市场美味的埃塞俄比亚食物。人们的穿着完全正常（虽然接连出现的绰号称呼和削尖嗓门说话的语气，确实暴露了军队的特征），使用的工具和遵循的流程植根于"以用户为中心"和快速迭代等概念，创新实践者对此会觉得很熟悉。他们的办公室看起来就像是，嗯，你会在任何创新前哨看到的那种东西。

jHub 的团队成员开始滔滔不绝地讲述他们正在研究的想法，这些想法有可能通过数据分析、可视化、人工智能、机器学习、自主性和机器人、区块链、建模和模拟、量子计算和生物行为科学的某种组合，为纳税人节省大量资金，或拯救士兵的生命。团队成员几乎无法控制自己的热情，他们描述了在短短的时间里，他们如何调查了 585 个机会，快速评估了 190 个具体的想法，深入研究了其中的 40 个想法，试行了其中的 6 个，并将

[一] 宝洁在办公室设计上玩得很开心，以强化"消费者就是老板"的理念。曾经它的婴儿护理部门有一个房间，里面摆放着超大的家具，让人们可以通过婴儿的眼睛看世界。
[二] 斯科特是在 2019 年访问的 jHub。

其中两个想法交付给最终用户。jHub 的一位成员介绍了一个项目，在这个项目中，一项名为"数据矿工"（Dataminr）的技术在被主流媒体报道之前，就能在社交媒体上提供重大事件的信号和警告。这种能力显然对军队很有价值。"'数据矿工'让我收获了一生中在专业领域最为满意的时刻，"其项目负责人说。在之前的军队内部角色中，她发现很难获得类似的影响力。jHub 的方法让她很快就给几十个用户提供了解决方案的使用权。并且在 6 个月内，平均每天都有 360 人使用"数据矿工"。

"这是我梦寐以求的工作，"一位团队成员宣布。"自从发现它之后，我就一直想进入这里，这种工作实在是太酷了。"

回到 2011 年。那一年，英国国防部宣布，计划在军队中增加第四个分支——联合部队司令部（Joint Forces Command，JFC）。联合部队司令部同时为陆军、海军和空军赋能，提供信息服务、网络安全和医疗服务等。从本质上讲，它领导着三个军种共同的领域。2013 年，它拥有了 3 万名军事和文职人员的全面运作能力。克里斯·德弗尔爵士（Sir Chris Deverell）是一位拥有 30 年军龄的四星将军，他从 2016 年到 2019 年担任联合部队司令部的第三任负责人。当他了解联合部队司令部并开始制定战略时，他决定将创新作为其支柱之一。

德弗尔指出，在他的职业生涯中，他看到了"将新能力或新功能交付到用户手中是多么困难"，这是由于"系统发展最终是为了降低风险，为确保风险最低，往往会损失时间、成本，甚至还损害绩效。你做一件事所花的时间越长，就越可能为了交付它而牺牲绩效。因为时间是要花钱的"。

德弗尔的战略指导原则是"通过创新、整合和信息，我们将为联合部队提供优势。这些是我们用来释放组织中的潜在能力，并为联合部队提供利益的机制"。

很明显，jHub 在某些方面与军方建制背道而驰。幸运的是，通过德弗尔，jHub 可以从军方之外的地方汲取灵感。

"我的认知来源有四个方面：下属、同行、上级和外部。"他说。"我认为国防部门的大多数高级人员，都是在假设的基础上工作的。而他们的基础假设中，大部分认知来自他们的下属和上级，他们不会'向外看'。我想这也许是因为他们不相信外部能告诉我们很多东西，因为军队太不一样了。但这是无稽之谈。我们在组织上面临的大部分问题和议题，几乎无处不在。只是我们不知道我们不知道的事情。解决这个问题的唯一方法就是积极从外部寻找答案。"

德弗尔坚持"向外看"的一个具体例子是在 2013 年，他报名参加了伦敦商学院的一个项目。"我相信国防界以前没有人这样做，"他说，"在我接受的所有教育中，这是最有价值的。它教会我一件大事：各地的大型组织之间有很多共同之处。我们在国防部门中倾向于认为获得外部洞察力的方法是聘请顾问，在某种程度上这可能是必要的，但也只是寻求'向外看'的替代品。最关键的还是你自己要想清楚目标，并尝试自己去做。"

jHub 这个想法的核心来自 2014 年 Innosight 团队撰写的文章——《在90 天内建立一个创新引擎》(*Build an Innovate Engine in 90 Days*)。德弗尔表示，文章中关于一个小团队可以快速推进创新想法的假设很吸引人。"在国防领域，想要在没有大量士兵的情况下做成任何事情的想法，都非常怪异，"他回忆道，"但在国防领域获得大量士兵是相当困难的，所以这个模型特别吸引我，因为它宣称可以用少量人就可以完成。而事实上，我们的运作方式也证明了这一点。我们一直有一个 5～6 个人的核心团队，我们用从企业借调的人员辅助这个核心团队。小团队的模式是我们发展的根本。"

德弗尔在 2019 年从军队退役。他的好奇心和借鉴外部观点的意愿，让jHub 有机会推动英国军方长期的变革。

| 案 例 研 究 |

在孟加拉国和美国费城发现新机会

精益创业教父史蒂夫·布兰克（Steve Blank）在 2013 年出版的《创业者手册》（*Startup Owner's Manual*）[与鲍勃·多夫 (Bob Dorf) 合著]一书中有一句名言："从办公楼里走出来！"大型组织习惯于依靠案头研究和咨询师来发现市场机会，但寻找创新的商业理念必须要进入市场或接近市场。正如英国著名间谍小说家大卫·约翰·摩尔·康威尔[⊖]（David John Moore Cornwell）曾经说过的那样，"从办公桌上看世界的角度是非常危险的"。

想象一下，一家农业化工公司的销售代表试图引进一种作物保护化学品，以消除孟加拉国稻田中的杂草。以下是销售代表和农民之间一次典型的对话：

销售代表：先生，我想给你介绍一个新的产品，可以清除你农场里的杂草。

农夫：但我已经有了一个方法来清除杂草。当收割的时候，我只需要雇用两个星期的散工。他们会清除所有的杂草。你的化学药剂比我的工人更有效吗？

销售代表：是的，它不需要那么长的时间。但我不能保证它清除的杂草比你的工人多。

农民：好吧，至少我可以期待它一定比我的工人更便宜？

销售代表：其实吧……第一次使用会比工人的成本高。但是到了第五季的时候，你已经付了……

农民：五季？五季！谁知道五季之后我会做什么。哎，你卖的这种化学药剂好用吗？

⊖ 大卫·约翰·摩尔·康威尔最出名的是他的笔名约翰·勒·卡雷，我们四个人都没有笔名，亲爱的读者，你有什么建议吗？

销售代表：嗯，这是另一回事。你需要一些时间来学习如何使用它，但我们提供了一个特殊的培训计划，免费为你和……

你可以预料到，这次谈话不会带来任何销售。但是，在农场的田间度过一段时间后，销售代表意识到还有另一种方式进入市场。虽然农场主本人没有需要解决的问题，但他的妻子却有。她发现收获期的生活是很艰难的。她要照顾十几个散工，也就是说，她得早上四点起床，为他们准备早餐，然后打扫卫生。

当销售代表介绍说有什么东西可以免去雇工，她会全力争取。而且往往是妻子管理着家庭财务，她明白这对家庭来说也是一项积极的长期投资。有了这个洞察，农业化工公司开始组织"农妇圈"讨论产品的好处，产品的采纳率才开始上升。好奇心和客户至上带来了一个重要的创新机会。这个故事的寓意是什么？那就是，如果你不到现场，你就永远不会理解[⊖]。

现在，让我们从孟加拉国的农场来到费城的街道，关注的市场从农用化学品换到音乐教育，再次加强对草根市场力量的理解。

2010 年，海伦·伊顿（Helen Eaton）出任塞特利特音乐学校（Settlement Music School，以下简称塞特利特）的 CEO。塞特利特成立于 1908 年，自成立以来主要为儿童提供古典音乐和爵士音乐的课程。它在费城有六个实体分校。2012 年，曾在著名的茱莉亚音乐学院学习过的、多才多艺的音乐家伊顿，开始思考是否应改变塞特利特的调性了。就像许多艺术类非营利组织一样，塞特利特发现自从 2008 年金融危机及其导致的经济萧条以来，它的财务状况还没有完全恢复。此外，不断变化的人口统计学和新兴技术向伊顿提出挑战：塞特利特需要回归其根源，并重新思考其模式。

"我正在努力地挖掘对我们传统机构最重要的东西——作为新任 CEO，我可以在上一位拥有 30 年任期的领导人之后，向他的价值表示充分的尊

⊖　第二个寓意：客户并不总是你认为的那个人。

重，也可以在他的基础上继续发展。"伊顿说："在我们社区里有一个快速发展的理念已经影响整个机构，并深深地鼓舞着我，那就是服务的理念。塞特利特有一个围绕服务的核心价值：服务于我们的家庭、服务于我们教学的艺术家、服务于我们的社区。服务的核心是响应我们的客户和支持者对我们的真正需求，这种响应能力（responsiveness）为我们奠定了创新的基础。"

于是，伊顿组建了一个小团队，让各个级别和任期的教职员工都参与进来，探索新的领域，比如可持续发展和增长的智能解决方案，以及社区艺术如何改变生活。该团队接受了 Innosight 顾问小组为期两天的培训，然后到现场采访了潜在客户，了解哪些产品可以丰富他们的生活。

一位团队成员发现了一个反复出现的话题：成年人渴望重拾青春，结识新的朋友，并重新拾起大学后不再弹奏、已经积上灰尘的吉他。他想，如果他们能想出一些方法，让成年人组成一个乐队，那将会怎么样呢？团队起草了一份三页纸的简报，概述了这个想法的大致框架，最终形成了名为"成人摇滚乐队"的课程。这个想法是让一群志同道合的成年人聚集在一起，在专家的指导下进行练习。这个乐队可以无限期地学习下去，也可以学习 10 个星期的课程。在课程结束时，乐队将在学校的表演空间举办一场音乐会。正如一位教员所说："背上老式的芬达吉他[⊖]，弹奏出几句杰克·布鲁斯[⊜]（Jack Bruce）的歌词，可以抚慰灵魂。"

塞特利特在一家分校试行了这个想法，然后又扩大到另外两家，在这个过程中伊顿了解到，需要根据每个地方社区的具体情况，对课程进行微调。当它继续尝试成人摇滚乐队和其他想法时，更为广泛的战略转变成焦

⊖　Fender，一家有名的美国乐器公司，还没有官方的中文名字，但大多数音乐人习惯称其为"芬达"或"芬德"。Fender 于 1946 年建立，对现代音乐音色发展的贡献是全球性的，且仍在继续。——译者注

⊜　杰克·布鲁斯是一位影响巨大的吉他手，他是英国摇滚乐队 Cream[其中包括吉他大师埃里克·克拉普顿（Eric Clapton）] 的主唱和贝斯手。他也是经典歌曲 *Sunshine of Your Love* 的合著者。

点，比如，每月一次的社区鼓乐团、社区中心的老年人合唱团、将艺术和物理或心理治疗结合起来的课程，以及在家庭庇护所通过音乐进行的育儿课程等。塞特利特想要重新定位其传统的选址，让分校成为更广大群体的一个"社区中心"。它还与当地供应商合作，使费城更多的人获得音乐指导。这一战略转变推动了合作伙伴的急剧增长，随着时间的推移，合作伙伴激增五倍，极大地提高了塞特利特的营收，增强了其资产负债能力。在安德鲁·W.梅隆基金会（Andrew W. Mellon Foundation）的资助下，合作和创新精神给塞特利特带来了与全市各类机构的首次合作的机会。

伊顿的好奇心帮助塞特利特找到了新的方法，以实现"为所有人提供最高质量的艺术教育"的使命。而这一使命帮助伊顿获得了捐助者和其他关键利益相关者的支持，让他们有动力继续踏上这段创新之旅。

"我不断提醒我们的捐赠者、董事会成员和基金会，归根结底，一切都是为了孩子。这似乎真的有帮助，"伊顿说，"我告诉他们，这是塞特利特一直在做的事情，但我们可以形成更大的影响力，解决这个城市正在发生的更大的问题。我们致力于打破贫困的循环，这就是我们力量的源头。我给捐赠者、董事会和基金会成员看很多的财务指标，并说服他们，在这个过程中我们是合作伙伴。"

如今，塞特利特学生的年龄从 6 个月到 95 岁不等。2016 年，伊顿被《美国古典音乐杂志》（*Musical America Worldwide*）评为"创新者 30 强"，2018 年，一个很有影响力的博客"慈善导航"（Charity Navigator）将塞特利特评为全美十大音乐慈善机构之一，因为它致力于保护和扩展音乐教育，以及推动音乐艺术的普及。

伊顿将这段旅程描述为"过山车"：有高低起伏的时刻，有你对自己正在做的事情很确定的时刻，也有你质疑一切的时刻。她将塞特利特的成功追溯到严格保持"充满好奇心"和"客户至上"的准则："我们更了解我们的受众，因为我们提出了正确的问题，并做出了细致周到的回应。这一切都使组织有能力做更大的、更有影响力的工作。因此我们更加有信心继续我们的创新旅程。"

事实证明，当2020年年初新冠疫情的危机发生时，塞特利特的新能力变得至关重要。在当地封锁后的两天内，塞特利特就已经准备好提供高质量的线上虚拟教学，并将明确的计划和家庭指南翻译成四种语言。塞特利特培训了170名教员进行远程教学，使他们能够迅速与学生接触，并推出免费课程，从而提高自己在当地的知名度。从本质上讲，塞特利特能够迅速开设"第七个"分支机构——一个虚拟的线上分支。伊顿向她的董事会分享了以下内容："面对全球新冠疫情大流行，有些人可能会问：为什么要关心社区艺术？我们说：因为艺术可以提升我们的灵魂。我们的共同信念是，任何人在危机中能做的最好的事情，就是有所作为、有所成就。我们相信行动、实践和达成目标，将帮助我们度过这段时间，且保持精神的完整。"

回顾在塞特利特的10年时间，伊顿向希望在组织中拥抱创新的领导者提出了一些建议：

辨识出你机构中最关键的东西，在我们的例子中，就是服务。当你成为一个很好的倾听者时，拥抱这个最关键东西的各种不同形态，将变得非常容易。客户（我们的家人）、员工和志愿者都希望被倾听，CEO应该成为带着真诚倾听和真实改变的意图去工作的人。这是容易的部分。而困难的部分在于，当你的创新能力与自己组织之外的人如此直接地联系在一起时，组织之外人的想法、希望和梦想可能没有得到同样的滋养。在塞特利特，我们通过与外面的社区建立伙伴关系和合作来开展最具创新性的工作，而这些工作本身就会带来一些新朋友。无论你的组织规模有多大或多小，这些理论、想法和概念都是有效的，而且可以鼓舞人心。同时，你也需要耐心和坚定不移的决心，当某件事情真的无法实现时，能够给团队来一剂"清醒剂"。

工具："好奇商"

你和你的团队有多好奇？在组织环境中，有七种方式可以展示出好奇心。

1. 客户亲近感：去了解你的客户，他们不是抽象的存在，而是活生生的人。

2. 外部导向：进行"创意路演"，邀请外部演讲者，并使用其他机制来获得外部刺激$^\ominus$。

3. 创意来源：从各处寻求创意，包括客户、供应商和外部专家。

4. 碰撞：把不同的群体聚集在一起，破解棘手的问题。

5. 对试验的开放心态：定期试验，有时只是为了学习。

6. 分享想法：尽早分享粗略的想法，以及时获得有用的反馈。

7. 宽容失败：意识到在创新的早期阶段，有效的学习比商业上的成功更重要。

表5-3首次出现在《双重转型》（*Dual Transformation*）的附录中，是评估你团队的"好奇商"的一个简单方法$^\ominus$。

表5-3　评估你团队的"好奇商"

文化元素	契合度差	契合度一般	契合度好
客户亲近感	不了解客户	对客户的分析型理解	与客户关系亲密，对客户感同身受
外部导向	高度内部视角	偶尔邀请外部发言人寻求外部启发	定期邀请外部发言人并寻求外部刺激
创意来源	没有从外部获取想法的机制	寻求来自客户、员工或供应商的想法	来自客户、员工以及供应商的想法

⊖ 几年前斯科特在澳大利亚的一次会议上，听到雅达利（Atari，美国一家电脑游戏机厂商）创始人诺兰·布什内尔（Nolan Bushnell）使用了"创意路演"这个词。这个词的意思是：你要脱离你的常规工作，去寻找新的想法。这可能包括去参加一个不相干行业的贸易展，参观博物馆，甚至翻阅一本杂志。

⊖ 是的，清单上有7个项目，但分成了8行。我们把"碰撞"分成了两行，因为不同的观点对创新的影响已经证明了这一点。我们以前说过，现在还要再说一遍：神奇的事情往往发生在交叉点上。

（续）

文化元素	契合度差	契合度一般	契合度好
团队多样性	缺乏团队多样性	一个方面的多样性	多方面的多样性（行业、教育等）
跨公司的互动	基本上是在各自为政的状况下运作	职能或地域之间的经常性互动	职能和地域之间的定期互动
对试验的开放心态	没有设计和运行试验的手段	经高层领导同意的试验	试验是日常运营的一部分
分享想法	只有在想法趋近完美的时候才会分享	只有想法被完整记录下来的时候，才会交流	粗略（但经过深思熟虑）的想法会分享给大家，以获得快速反馈
失败容忍度	失败带来沉重的耻辱感	对于"智慧型失败"不会有惩罚	来源于"智慧型失败"的经验
答案数量			
权重	×1	×3	×5
总分			
总计	8～14分　　敌视好奇心 15～22分　好奇心萌芽 23～29分　好奇心奠基 30分以上　形成好奇心文化		

第二阶段：为好想法绘制蓝图

　　创新之旅的第二个阶段，是提出一个切实可行的想法来解决上一阶段发现的问题。我们称之为"绘制蓝图"，因为你还没有开发出具体的解决方案；相反，你正在制订解决方案的计划。

　　在这个阶段，关注"客户至上"仍然很重要，因为它迫使你不断检查这个想法在多大程度上解决了一个真实客户的问题。协作变得越来越重要，因为创新文献中最经得起时间考验的发现之一是：神奇的事情发生在交叉点上。在交叉点上，不同的技能和思维方式发生碰撞。接下来会介绍法国巴黎银行（BNP Paribas）如何从不同的资源中获取灵感；皮克斯久经考验的"智囊团"（braintrust）如何让它的电影保持新鲜感；以及财捷集团（Intuit）的领导者如何以身作则赋能员工。下面还会分享一张发现问题的"小抄"，它有助于塑造那些新出现的想法。

相关的 BEANs

我们对创新的定义有意地选择了"不同的"而不是"新的"作为限定词。这是为了提醒有志于创新的人，借鉴灵感并不可耻。就像乔布斯曾经说过的那样："当你问有创造力的人是如何做某件事的时候，他们会感到有点内疚，因为他们并没有真正做，只是看到了一些东西。一段时间后，他们似乎就明白了。那是因为他们能够把自己过往的经验联系起来，合成新的东西。"有助于培养创造力的完整 BEANs 放在表 6-1 中，不完整的BEANs 放在表 6-2 中。

表 6-1　绘制蓝图的完整 BEANs

组织和 BEAN 名称	说明	行为赋能器	人工道具	助推器
法国巴黎银行：创新书籍和奖项	一个创新大赛，将最好的创新整理成书	具有明确定义和准则的年度竞赛	虚拟书籍，总结了获奖的创新想法	围绕奖项的交流
丰田（Toyota）：A3 报告	简洁的沟通工具，将重要信息全部集中在一个 A3 大小的页面上	形式上可以自我解释，设计上要求简洁明了的答案	A3 纸张实体形态	历史上的传说故事和配套的基础设施

表 6-2　绘制蓝图的不完整 BEANs

组织和 BEAN 名称	描述
亚马逊：空椅子	在会议中留一把空椅子的仪式可以提醒与会者客户的重要性
诺德斯特龙（Nordstrom）："是的，而且……"	让批评以"是的，而且……"的形式出现
皮克斯：交叉点的配套基础设施	开放式办公室设计，促进偶发的会议，激发创造力
皮克斯：做加法	确保批评与建设性的建议相平衡

法国巴黎银行：创新书籍与奖项

帮助创新者的一个方法是让他们更好地合作，不仅与其他创新者合作，而且与其他想法合作。

例如，法国巴黎银行是一家总部设在法国的金融服务公司，它开创了一个 BEAN 来激发人们的好奇心，同时提供对创新的启发或刺激。法国巴黎银行每年都会在全球范围内收集由其团队领导的创新和创意项目。最优秀的创意会被编入一本"创新书"，在公司内分发。获胜的创新者会飞往巴黎，在全公司员工面前参加颁奖典礼。想象一下，如果你已经准确地发现了一个值得解决的问题，但却苦于找不到解决方案，那么你就可以拿起创新书，翻开书页，很可能从中获得一些有用的启发[⊖]。

丰田：A3 报告

阻碍合作的一个障碍是过于复杂的沟通，导致团队成员之间互相推诿。丰田的 A3 报告能打破这一障碍，并带来高效协作。这个 BEAN 因使用一张 A3 大小（297 毫米 × 420 毫米）的纸进行报告而得名。

该报告把需要解决问题的最重要信息（目标、分析、行动计划和预期结果）记录在一张纸上，方便广泛传播。既然是一张纸，语言就必须简洁明了。当报告得以充分交流和广泛使用，则成为企业范围内的推动力，鼓励进一步使用 A3 报告。事实上，这个 BEAN 已经深深扎根于丰田文化中，以至于它通过了对习惯的基本测试：人们在不经意间就会这样做。通过简单的方式来捕捉和交流想法，有助于想法的传播和促进合作。[⊖]

⊖ 我们的一位前同事在酝酿新想法时，也用了类似的方法。他会翻阅历史版本的西尔斯（Sears，美国曾经最大的百货公司）目录。当他的脑海里有了一个好的问题，目录经常会提供令人惊喜的灵感。

⊖ 斯科特的《第一英里》（*The First Mile*）一书的配套网站上有两份这样的"创新捕捉表格"：一份简短的"创意简历"和一份较长的"迷你商业计划"，详见 www.innosight.com/insight/the-first-mile。

不完整的 BEANs

亚马逊公司的目标之一是成为世界上最以客户为中心的公司。它的"空椅子"仪式有助于强化这一目标，因为仪式有力地提醒人们，"房间里最重要的人"——客户，并不在房间里。[⊖]

许多想法还没画出草图就被否定了。零售商诺德斯特龙公司（Nordstrom）借鉴了即兴喜剧，鼓励在会议中使用"是的，而且……"。换句话说，你可以分享你不喜欢的东西，但要有解决问题的思路：要么强调想法中其他好的部分，要么寻求改进其中的不足。

⊖ 在新冠疫情防控期间，我们很想知道，亚马逊的线上虚拟会议是否有一把空椅子、一个客户的纸板剪影，或者其他形式的提醒来强化这个想法。

皮克斯有许多 BEANs 来帮助它不断地发挥创造力（其中一个足够强大，可以在下一页作为 BEAN 助推器来介绍）。它拥有物理基础设施，那些巨大的开放空间连接到各个工作空间，以鼓励合作。乔布斯在皮克斯建造大楼时担任董事长，他坚信这个开放空间可以促进员工之间思想的碰撞，为大家带来计划之外的合作。[⊖]另一个皮克斯进行的实践叫作"做加法"（plussing）。不能随意批评一个草图或否定一个想法；一般的规则是，只有当你同时给出一个建设性建议时，你才可以批评一个想法，因此叫作"做加法"。

BEAN 增强剂：皮克斯的"智囊团" [⊜]

在电影行业里，皮克斯动画工作室就像一个异类一样脱颖而出。自1995 年推出《玩具总动员》（*Toy Story*）以来，该公司已经连续推出了 20 多部广受好评的影片。[⊜]

⊖ 沃尔特·艾萨克森（Walter Isaacson）的《史蒂夫·乔布斯传》中写道，乔布斯坚持在中央中庭为整栋楼配备一个卫生间。他的理由是，因为每个人都要上厕所，这个设计将迫使偶然的相遇。但是，当时的管理团队提出了这个建议的实际意义（和局限性），使这个想法停滞不前。

⊜ 作者们讨论了一下，到底是把它作为 BEAN 还是 BEAN 的助推器。这个案例确实放在了附录的装有问题创新豆（BEANs）的口袋里，但因为足够深刻，所以我们认为它值得更广泛的讨论。

⊜ 虽然《汽车总动员 2》（*Cars 2*）确实在烂番茄上只得到了 39% 的评分（皮克斯电影的次低分是 70%），但"快乐的哈利"（见第二章）给了它两个大拇指，所以它还是有一些可取之处的。

然而，真正让皮克斯的故事变得迷人起来的是 2006 年发生的一件事。那年，皮克斯的主席史蒂夫·乔布斯同意把公司卖给迪士尼，因为当时迪士尼的动画工作室处于困境之中。大多数人认为，收购皮克斯动画工作室之后，迪士尼会关闭自己的工作室，虽然迪士尼工作室的历史可以追溯到沃尔特·迪士尼的米老鼠草图，它也是世界上最具代表性的公司之一。

但事实并非如此。皮克斯 CEO 兼联合创始人艾德·卡特穆尔和他的团队相信，他们已经破解了管理创意过程的公式。他们设定了一个目标，通过实施一系列原则来重振迪士尼的创意团队。在《冰雪奇缘》(*Frozen*)、《大英雄 6》(*Big Hero 6*)、《疯狂动物城》(*Zootopia*)、《无敌破坏王》(*Wreck-it Ralph*)、《魔发奇缘》(*Tangled*) 或《海洋奇缘》(*Moana*) 中，你都能看到其干预措施所产生的影响。

埃德·卡特姆（Ed Catmull）和艾米·华莱士（Amy Wallace）合著的《创新公司：皮克斯的启示》(*Creativity, Inc.*) 中详细地描述了皮克斯的做法。这本书值得一读，尤其是附录用 33 条要点漂亮地总结了皮克斯的方法。下面选择性地摘录了其中几点：

- 把一个好点子交给一个平庸的团队，他们可能会搞砸；把一个平庸的点子交给一个伟大的团队，他们会把它完善，或者想出更好的东西。所以，如果你把团队搞好了，也就有可能把想法搞好。

- 仅仅对别人的想法持开放态度是不够的。激发出与你一起工作的人的智慧，形成集体智慧，是一个积极的、持续的过程。作为一个管理者，你必须从员工身上诱导出想法，并不断鼓励他们为新想法添砖加瓦。

- 我们从成功和失败中总结出的第一个结论通常是错误的。衡量结果而不评估过程是骗人的。

- 经理人的职责不是"预防风险"，而是"让承担风险变得安全"。

- 不要等事情完美后再与他人分享。早点展示，经常展示。目的地很美，但路上的风景往往并不美好，这也在情理之中。
- 作为创新环境中的管理者，我们的工作是保护新的想法不被那些不理解伟大想法的人"扼杀"。为了让伟大的想法出现，必须经历不那么伟大的阶段。保护未来，而不是固守过去。

在皮克斯，支持新想法的一个重要机制是用"智囊团"来指导一部电影的开发。智囊团是一个由皮克斯最聪明且最有创意的人组成的小团队。从事电影工作的导演们表现出了很强的创造力。在这个小团队里，早期阶段的想法不是为了赢得赞美或陈词滥调，而是为了经历尖锐的批评，最终使电影变得更好。智囊团不是一个决策机构，而是一个强调坦诚，以及需要创造性地向制作团队发起挑战的机制。

卡特姆坚持的一个观点是：皮克斯拍过的每一部电影，在某一个环节都是"烂"的。卡特姆指出，智囊团帮助皮克斯从"烂"到"不烂"。

"智囊团的前提很简单：把聪明的、有激情的人放在一个房间里，让他们负责发现和解决问题，鼓励他们彼此坦诚相待。"卡特姆在《创新公司：皮克斯的启示》一书中解释道："智囊团是皮克斯最重要的传统之一。这个机制并不是一劳永逸的，有时智囊团的沟通和互动只能凸显出坦诚的困难。但当我们实现了坦诚的时候，得到的结果是惊人的。智囊团为我们所做的一切设定了基调。"

从《冰雪奇缘2》的总结会派对回来时，2019年退休的卡特姆反思了向导演们坦诚反馈的重要性。《冰雪奇缘 2》的总结会是我在皮克斯和迪士尼的第 32 次总结会。有一点我可以肯定的是，每位导演，包括最优秀的导演，在他们自己的电影中都会失去客观性。他们并不希望有外界声音打击他们，即便这个声音很微弱，但如果没有这个声音，他们就不会成功。而且，虽然一开始导演们并不想听外界的声音，但他们已经学会了重视它。"

| 案例研究 |

斯科特和布拉德的完美冒险

自 2007 年以来，Innosight 公司每年都会举办至少一次 CEO 峰会，将曾经服务过的公司和未来希望服务的公司的高层领导聚集在一起（真相是，对潜在客户做广告）。典型的 CEO 峰会有一个社交晚宴，以及一整天的讨论，内容来自学者［如克莱顿·克里斯坦森、丽塔·G. 麦格拉思和罗杰·马丁（Roger Martin）都曾作为演讲者出现］、CEO 们和 Innosight 公司的领导团队⊖。

财捷集团的创始人兼董事长斯科特·库克（Scott Cook）是唯一一位参加过四次峰会的非 Innosight 人士。这家创始人主导的公司，似乎违反了介绍中提出的"NO-DET"的原则，但财捷集团是一家刚步入"中年"的上市公司（成立于 1983 年），库克是一位深思熟虑的企业领导人，他在 1994 年才从 CEO 的位置上退下来。而且，让我们承认现实——财务管理软件并不是世界上最性感的赛道。

2008 年库克和董事会任命布拉德·史密斯（Brad Smith）担任财捷集团 CEO 后不久，史密斯、库克和其他领导团队就制定了一个目标：围绕设计思维建立深度的能力。这个目标的背后是一个洞察：人们购买 TurboTax（特波税务软件）和 QuickBooks（客户管理软件）等软件包的首要原因是它

⊖　毋庸置疑，2020 年的峰会是以线上方式举行的。

们的易用性，而人们不买这些软件的首要原因是它们易用性太低，也就是不好用。库克相信，设计思维的原则，比如与客户产生深刻的共鸣、开发突破边界的解决方案，以及快速测试和迭代想法等，将帮助财捷集团在竞争日益激烈的世界中持续发展⊖。他的尝试和努力起效了。这之后，财捷集团的股价飙升，2017 年《快公司》（*Fast Company*）杂志将其评为设计领域最具创新力的十大公司之一。

"这个故事的标题让它听起来比实际更容易，"库克在参加 Innosight 公司 2018 年峰会的"能够持续和规模化的文化变革"分论坛时说。他说，在 2014 年，领导层注意到，"为快乐而设计"的项目并没有产生预期的影响。公司已经向其高层人员教授了设计思维的概念，并组建了一支由教练和"催化剂"组成的团队，来增强教学效果（该团队是第四阶段的特色 BEANs 之一），但这些行为还没有变成习惯。

于是，斯科特和布拉德开启了他们精彩的"冒险之旅"。领导者的榜样作用是所有变革管理过程的主要内容。这对于想要鼓励创新习惯的领导者来说，可能是一个真正的挑战，因为他们自己可能是最不熟悉这些习惯的。

"高层领导者必须改变，"库克在小组讨论中说，"是高层领导者的习惯推动了公司的发展，可他们的习惯才是改变的障碍。"

那么，如何帮助经验丰富的高层领导者学习新技能呢？库克的建议是"让每个人在实践中学习"。事实证明，"靠着椅子背学习"（即被动学习）并不是成年人学习的有效方式，这个观点让人想起一句名言：讲课是将信息从教师的笔记转移到学生的笔记上，而不经过任何一个人的大脑的最快捷方式。

库克了解到，让领导者转型的最好方法是让他们亲身体验新的工作方式。于是，财捷集团的 25 位高层领导者组成了三人小组，就金融业的变

⊖ 请注意，这些原则反映了我们在第一章中详述的行为。虽然文字不同，但基本概念是相似的。

化、人工智能、年轻人与计算机的互动等预设话题进行了基础研究。"这些领导者都在积极推动发现的过程,"库克指出,"他们不能把任务和思考'委派'出去。一些人想授权给他们的团队,因为他们总是这样做。但在这个项目中,领导者必须自己来做,这意味着他们必须在飞往调研地的飞机上亲自体验。"

当然,改变25个人并不能改变文化,因此库克的建议中出现了"让每个人"的部分。他描述了美国汽车制造商几十年来艰难破解丰田生产系统的过程(第四阶段也有描述)。"如果你派一个人去看新工艺,"库克说,"那个人兴奋不已,回来后试图教其他一万人,那就永远不会成功。"因此,在公司的一次重要会议之前,财捷集团让8000人"花一天时间来做创新流程,从最开始了解客户问题,一直到设计体验。"在这次重要的会议上,各个团队会把他们观察到的客户问题带进来,并致力于开发解决方案。

显然,库克和史密斯〔以及史密斯的继任者萨桑·古达尔齐(Sasan Goodarzi),他在2019年初接任CEO〕亲自参与这项工作,向所有员工传递了一个强烈的信号:没有任何一个高层领导者能够凌驾于这个有关创新的尝试之上。这个信号有助于财捷集团达成把"设计思维"相关习惯深度融入组织中的目标。

"边干边学,人人参与"带来了另一个好处:提高集体的自觉,从而提高面临不确定性的决策能力。领导者不能坐在舒适的会议室里检查幻灯片,而应走出去,通过参与试验和加入团队解决问题的环节,来体会原始数据。亲身经历不仅能展现出诚恳的态度,还能让领导者观察到一些在其他情况下会被隐藏起来的信息。毕竟,总结报告总是带着偏见和解释,有时最重要的东西成为淹没在附录中的"异常"或"惊喜",如果它们真的出现的话。⊖

⊖ 斯科特·库克有很多关于创新的名言。他在2008年接受娜塔莉采访时告诉她"品味惊喜"的想法,描述了QuickBooks(一款会计软件)的增长如何追溯到一个令人惊讶的市场研究洞察。斯科特·安东尼最喜欢的斯科特·库克的名言是:"我们的每一次失败背后,都有看起来很棒的电子表格。"的确如此。

| 案 例 研 究 |

交叉点上的创新

一旦你发现了一个值得解决的问题，下一步就是要提出一个想法。这就是难点所在，对吧？毕竟，你必须是一个创意天才，才能"跳出框框"。但如果你遵循巴勃罗·毕加索的名句：好的艺术家只会模仿，而真正伟大的艺术家会剽窃。当然，不是让你真的去"偷"，而是从一个语境中借用一个想法，并将其带到另一个语境中。聪明的借鉴是缩短成功创新之路的最佳方式。

这正是菲奥纳·费尔斯特（Fiona Fairhurst，鲨鱼皮泳衣的发明者）在20 年前所做的事情，当时她受 Speedo（游泳运动品牌）的委托，开发出一种能让运动员游得更快的泳衣。虽然人们很自然地认为最好的方法是减少泳衣的摩擦力，但费尔斯特却以不同的方式来看待这个问题。她思考的是在哪里可以找到体积大但能快速穿行于水中的东西呢？她研究了鲨鱼。鲨鱼体型巨大，但能在短时间内达到每小时 30 英里（约每小时 48 千米）的速度。事实证明，鲨鱼的皮肤并不完全光滑，它的皮肤上有一种"小齿"，"小齿"推动鲨鱼在水中更快地游动。费尔斯特在自然界的启发下，推出了Speedo Fastskin 系列品牌，剩下的你就知道了。

或者，我们也可以看看尼克·穆约卡（Nick Musyoka）的例子。2008年，穆约卡受雇于瑞士农化巨头先正达（Syngenta，全球领先的农业科技和作物保护公司），负责制定进军小农户市场的战略。这里的"小农户"指的是小规模农场，通常是家庭经营的农场。全球有 5 亿小农户，这是个看起来巨大的市场，也具有极大挑战性。毕竟，先正达的优势在于大规模、专业经营的农场，这些农场在自动化和其他工具上进行了大量投资，以提高生产力；而小农户的劳作一般是勉强维持生计，很少考虑下一个生长季。

但好消息是，穆约卡已经看到了解决问题的办法：不是在先正达工作时想到的，而是在他之前为全球消费品巨头利洁时（Reckitt Benckiser，全球最大的家用清洁用品公司之一）工作时想到的。20世纪80年代，洗发水和香皂公司开创了一种新模式，即通过销售价格低廉的"小袋装"以及投资于草根教育，来提高其在贫困国家的销量。穆约卡将这一理念融入先正达推出的"Uwezo"项目中，Uwezo在肯尼亚语中是"力量"的意思。农民可以购买一小包化学品，而不是购买一大袋，他们可以将一小包化学品倒入一个20升的背包中。先正达委托近50名田间代理骑着摩托车到处跑，通过现身说法，向农民介绍这种保护作物的化学品的优势。仅仅两年时间，这个项目就在肯尼亚获得了近1000万美元的收入，而肯尼亚仅占全球小农市场的1%。这个创意"偷窃"得真高明！

你也可以像费尔斯特和穆约卡那样，一旦发现了一个值得解决的问题，就去寻找已经解决了类似问题的人或事。在不同的类别和领域中寻找，并记住这个经受过时间考验的理念：神奇的事情发生在交叉点，不同的思维方式和技能在这里交汇碰撞。

工具：发现式提问的"小抄"

要了解一个公司对创新的真正想法，最快的方法之一就是在预算讨论会或项目审查会中变成一只偷听的"苍蝇"。在这些神奇的时刻，往往会有一些没有表达出来的假设变成了文字：当一位领导叹了口气然后说话时，就会发生这种情况。他们是否会直接用宣布式的语气来陈述想法？如果会，这种情况则预示着这个公司遭遇了谷歌所提出的"河马"（HIPPO）[⊖]问题，即根据收入最高的人的意见来做决定。或者，领导者是否提出了深思熟虑

⊖　"HIPPO"这几个英文单词的首字母缩写正好是河马的意思。

的问题？如果是，这可能预示着组织环境能够包容集体对于未知的探索。

"一个公司的发展往往反映出领导者的水平。领导者提出的问题真的很重要，"库克在 2018 年一次小组讨论中表示，"我们必须确保，我们问的问题能够维持且鼓励我们想要激发的创新行为。比如'你下周要做什么试验？'如果他们下周没有试验计划，我们就展开谈谈这个问题；如果他们有一个提案，我们就会问'你做了哪些试验？证明了你的哪些假设？'这些都是我们期望激发的行为，但如果我们不问出这些问题，仅仅是看着电子表格说'这看起来不错'，而不询问他们是如何得到答案的，那么我们没有教学和引导，也就没有加强期望的行为。"

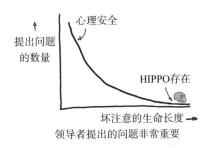

领导者提出的问题非常重要

比如，"下周你打算做什么试验？"这个问题就是一个例子，我们称之为"发现式提问"。发现式提问的目的是鼓励对话，开启可能性，而与之相对的是"交付式提问"。交付式提问其实在强迫决策，缩小选择范围。形成明显差异的另一个特征是：发现式提问创造可能性，而交付式提问则要求证明。你可以证明过去，但你需要可能性来创造未来。[⊖]

下次，当你在会议上讨论一个正在进行中的创新项目时，可以选用以下 7 个问题来提问：

1. **我们可能用不同的方式来做吗？**充满好奇心的前提是，相信总有更好的方法来做事情。因此，可以提出一些简单的问题，比如"为什

⊖　保罗听说在一些组织内部存在另一种"动物"（但在星展银行已经不存在了），那就是斑马（ZEBRA，来源于后面一句英文的首字母缩写）：零证据但真的很傲慢（zero evidence but really arrogant）。

么？""为什么不？""如果？"等，或相同作用的其他问题。

2. **"需要完成的任务"是什么**？这个问题有助于强化以客户为中心的理念，避免陷入为不存在的问题寻找解决方案的陷阱。

3. **谁曾经解决过这个问题**？这个问题可以引导你找到关联点，消除"偷窃"别人想法的羞耻感，进行"聪明"地协作。

4. **我们需要相信什么**？对不确定的想法，不能简单进行分析和评估。想要灵活应对模糊性，就需要专注于某些关键假设。只有这些假设被验证是真的，才能导向预期的结果。

5. **我们不知道什么**？灵活应对模糊的另一个关键点，是对现有知识的局限性保持谦虚。"我们不知道什么"是一种谦虚的态度，并且表示我的接受自己认识的局限性。

6. **我们学到了什么**？这个问题进一步鼓励"灵活应对模糊性"，摆脱对短期结果的关注（当你问"它成功了吗？"或"我们达到目标了吗？"等问题时就会出现短视的情况）。除了商业上的成功，你还可以从试验中学到三件有价值的事情：你可以了解到什么是行不通的；你了解到某件事情只有存在其他因素的情况下才行得通，从而可以确定一个战略选择；你还可以找出机会，转而采用不同的、更好的想法。

7. **我们有哪些选择**？这个问题有助于强化赋能授权的概念，领导者从直接断言答案，转变为询问可能性。

2009 年，娜塔莉和斯科特与一家市值 10 亿美元的服装领域头部企业合作，寻求创新。这家公司过去一直有意识地避免创新。它遵循的是一种截然相反的战略：典型的"快速追随者策略"，即等待其他同类公司验证创新理念的可行性，然后以较低的成本复制。但是，这种策略已经失去了动力。其中一个最根本的挑战在于，该公司领导层花了很多年的时间培养了一种习惯——通过提出交付性问题来深入了解细节，而早期的创新想法刚刚萌芽，就被这样严格的"审查制度"扼杀了。

为了帮助这家公司，我们创造了一个"小抄"（见表 6-3），供领导者在会议上参考。给领导者提供一个这样的小抄，可以鼓励他们更多地采用"发现式"思维方式。[⊖]

表 6-3　发现式提问的"小抄"

当……的时候	与其问……	不如问……
一个想法看起来像你以前尝试过的……	为什么你要提出一些我们知道不会成功的东西	与上一次我们尝试的时候相比，有什么变化
一个团队建议探索新的市场空间……	成功的商业案例是什么样的	有什么证据表明这个问题值得解决
展示了一个具体的想法……	成功的商业案例是什么样的	我们可以从其他行业或环境中学到什么
一个小组提出一个新想法的商业案例……	你是否已经做了足够的分析？有足够的信心吗？为什么 Excel 表格里 B4 的数值这么低？它应该更高	如果这个想法要变得更有趣，还需要什么条件
一个团队做了一个大投资的案例提议……	麦肯锡/贝恩/波士顿咨询公司/Innosight 验证了这一点吗？你能再获得一些数字吗	我们可以做什么试验来了解更多
市场研究表明，客户喜欢一个概念……	我们能多快推出	我们如何测试客户的实际行动
有些事情没有按计划进行……	你做错了什么	我们能学到什么

⊖　这个太容易"BEAN 化"了！有谁愿意接受挑战，把它变成 BEAN 呢？

第三阶段：评估和测试想法

我们即将进入创新之旅的第三阶段：你需要选择一个具体的想法，从各个角度审视它，分清楚与之相关的"事实"和"假设"，严格进行测试，并快速迭代该想法[⊖]。在这个阶段，"灵活应对模糊性"是成功的关键，"充分赋能和授权"也十分重要，你需要自上而下的赋能和授权，才能拥有自主权和自由度去完成从分析到行动的整个过程，并在反思中学习。在这一章，我们将探讨星展银行如何有目的地将"混乱"（以及一只"浣熊"）带入会议，如何在组织中建立起心理安全感，以及星展银行的 CEO 如何通过改变思维模式，而且是"规模化"地改变思维模式，重振了一家传奇科技公司的故事。

⊖ 斯科特 2014 年出版的《第一英里》一书中深入探讨了这个步骤。这本书立足于两个缩略词：DEFT 和 HOPE。DEFT 代表记录、评估、聚焦和测试（document, evaluate, focus and test），它帮助关键战略显现出来，以及解决关键战略不确定性的核心流程。HOPE 代表假设、目标、预测和执行计划（hypothesis, objective, prediction and execution plan），它提醒人们如何进行严格的试验流程。

相关的 BEANs

在创新之旅的这个阶段，"识别出关键假设"是最大的挑战之一。这一步如此困难的原因之一是人类的大脑不善于处理不确定性。我们都知道，当我们开始做一件新事情的时候，我们已知的东西会减少，而假设的东西会增加。但我们通常会自以为是，然后把"已知的"和"假设的"混淆。结果就是，我们高估了自己真正知道的东西，而且总是带着迷之自信。所以说，我们面临的正是"未知的未知"：你自己并不知道你不知道。或者说，人们往往忽视了潜藏在表面之下的假设，因为他们自己都不知道这原来是假设。表 7-1 列出了有助于让假设显现出来，用于评估和测试想法的完整BEANs，表 7-2 列出了用于评估和测试想法不完整的 BEANs。

表 7-1 用于评估和测试想法的完整 BEANs

组织和BEAN 的名称	描述	行为赋能器	人工道具	助推器
Atlassian：给活人验尸	团队讨论哪些因素会导致他们的项目失败，有助于在问题发生之前就预测到潜在的风险	帮助团队评估潜在失败风险的核对表	记录最佳实践的手册，可以在公司内部网上查阅	一个对项目进行健康检测的工具，强化合规性
星展银行：捣蛋浣熊	在会议期间随机出现一页幻灯片，带着问题来鼓励大家坦诚讨论	一张提出的问题清单，可以鼓励对项目的讨论	"捣蛋浣熊"的替身；一张带有关键问题的幻灯片	有模板的幻灯片和支持性的故事
超级细胞（Supercell）：为失败喝彩	用啤酒庆祝成功、用香槟庆祝失败的标准流程，并公开分享故事	游戏开发工作结束时的庆祝仪式	香槟酒庆祝活动的图片和纪念品	公开分享超级细胞过去游戏项目成功和失败的故事

表 7-2 用于评估和测试想法的不完整 BEANs

组织和 BEAN 的名称	描述
Airbnb：从第一天开始	鼓励工程师在入职训练营的第一天就把自己的代码直接推送到网站上
Google：猴子优先	一个鼓励员工首先将注意力集中在最困难问题上的口头禅和仪式
Innocent：直接开干	只要员工对某个想法有 70% 的把握，就会受到鼓励去进行尝试

Atlassian："给活人尸检"

Atlassian 是澳大利亚的一家软件开发商，在 2019《财富》未来 50 强榜单中排名第 6。Atlassian 处理"隐性假设"问题的方法是严格地进行"给活人尸检"。这个词是对"尸检"这个术语的化用，"尸检"是人死后进行的一个医学检查过程，以确定死亡原因。而"给活人尸检"则是指对潜在威胁进行识别，并采取预防措施，以消除风险。在开始一个项目之前，Atlassian 的"给活人尸检"团队使用一个检查表来探究项目可能失败的风险。这个过程将识别出关键假设和潜在威胁，从而采取适当的预防措施，将发生事故的概率降到最低，并减轻可能的负面影响。Atlassian 为这个项目提供了一个人工道具：一本在线的团队指导手册，其中包含 40 多项最佳实践和仪式⊖。更进一步的增强剂是一个项目健康监测工具，使用 8 个"生命体征"作为标准，让团队定期监测项目的"健康状况"，以选择相关的方法来解决问题。

星展银行：捣蛋浣熊

仅仅确定最关键的假设是不够的，你必须设计并试验，来验证这些假设。你需要根据试验得出的数据来做决定。有些假设会被推翻，其他没有预料到的假设则会出现。这时你所面临的一个关键挑战是避免"确认偏误"

⊖　其他剧本包括"包容性会议"（这让人想起了 MOJO BEAN）"完成任务日""破坏性头脑风暴"和"参与规则"。这些剧本可在 https://www.atlassian.com/team-playbook/plays 上找到。

（confirmation bias），即你只会看到你想看到的东西，而忽略了任何与你的期望相悖的东西。也要避免"层级效应"（hicrarchy effect），即每个人都简单粗暴地跟领导保持意见一致。

　　几年前，星展银行希望鼓励员工就想法进行坦诚的讨论，让想法和讨论都能基于真实的数据。它从奈飞的"捣乱猴"（chaos monkey）中获得灵感，"捣乱猴"帮助奈飞的开发人员加强平台的电影流媒体基础设施，让平台变得更加稳定和强大。这只"捣乱猴"有意但看似随机地造成故障，测试奈飞平台的基础设施是否可靠。受奈飞的启发，星展银行创造了"捣蛋浣熊"[⊖]软件，它有意识地尝试破坏数据中心。

　　"捣蛋浣熊"成为一个 BEAN 的核心，提升了星展银行灵活应对模糊性的能力。在任何一次审查重大项目的会议上，都会出现一张幻灯片，上面有一个简明扼要的关键问题清单，例如："我们忘记了什么？最危险的假设是什么？对立的观点是什么？什么会出错？"在会议中随机地提出这些问题，表明以前的禁忌话题现在已经可以公开讨论了。此外，将带有"捣蛋浣熊"头像的幻灯片和关键问题清单插入基本的演示模板中，使领导者在这些会议中可以暂停，同时征求不同意见、挑战和反对意见。"捣蛋浣熊"引领着领导者向一些更安静的、不善于主动表达意见的参与者寻求意见，而不是利用这个会议空间来强化自己的想法。

　　⊖　作者之间的辩论（或者说是作者们内部的辩论）：本书其中一位作者认为"wreckoon"显然能看出来是 wreck（捣蛋）和 raccoon（浣熊）的组合，因此不需要解释；而另一位作者认为需要把这些点联系起来。请告诉我们你的想法。

超级细胞：为失败干杯

"灵活应对模糊性"还意味着，我们必须认识到并不是每一个想法都能成功，失败也没关系。为了消除失败的"污名"，一些公司会有意识地庆祝失败，而这类公司正变得越来越多。芬兰移动游戏公司超级细胞成立于2010年，成立三年后估值达30亿美元，2016年以86亿美元的价格被卖给中国的腾讯公司。在超级细胞，用啤酒庆祝成功，用香槟庆祝失败。公司官网上用图片和故事等人工道具来纪念"为失败干杯"的香槟庆祝活动，它们很好地总结了超级细胞对失败的看法[⊖]：

> 我们认为，每一次失败都是一次独特的学习机会，每一次教训都会让我们做得更好。这就是为什么我们有一个传统，每次搞砸了都要喝香槟来庆祝。对我们来说，发布热门游戏必然意味着承担巨大的风险，而承担这么大的风险意味着你失败的次数要比成功的次数多。因此，每当我们意识到我们已经有一段时间没有失败了，就说明我们还没有承担足够的风险。对于我们这样的创意公司来说，这可能才是最大的风险。

举行香槟庆祝仪式是为了表明失败是可以接受的，同时也用一个仪式让团队知道是时候进入下一个项目了，让他们把注意力转移到更好的想法上。举个例子，超级细胞曾经放弃了一个已耗时一年（开发加投资）的项目，因为该项目没有达到预期目标。但在此之后，同一个团队转而开发了游戏《部落冲突》（Clash of Clans），大获成功。

⊖　还有传言说，在庆祝会上，有一个贴着空白标签的香槟酒瓶，来记录从失败中获得的关键教训。如果超级细胞还没有这样做，那么它应该这样做！

不完整的 BEANs

如果你想让一只猴子站在 10 英尺（约 3 米）高的雕像基座上，背诵莎士比亚的经典，你应该先做什么？要完成这个任务，你最直接的想法可能是从低到高，先建造基座，但谷歌 X [谷歌孵化出"射月"（Moonshot）想法的地方] 的"猴子优先"（Monkey First）BEAN 鼓励员工优先解决最难的问题。毕竟，你可以非常确定你能建造一个雕像基座；但是，训练猴子说话是一个更大的挑战，所以应该先解决这个难题。下面的例子也说明了"猴子优先"的重要性：一个团队正在研究一种方法，将海水转化为更经济的燃料。对于这个团队来说，"猴子"是燃料转化过程的经济性，他们需要首先解决这个问题。对于这个问题，团队得出的结论是，这个项目 5 年内在经济上可行的概率非常低，所以他们决定放弃这个项目。

接下来的两个 BEANs 旨在鼓励团队养成"不要过度思考"的习惯。在 Innocent，一家可口可乐公司（The Coca-Cola Company）占股 90% 的饮料公司，鼓励团队"直接开干"（just go with it）。也就是说，如果他们对一个想法有 70% 的把握，就会被鼓励去积极地测试它，而不是不断地与管理层讨论。

　　类似的 BEAN 是爱彼迎（Airbnb）的"从第一天开始"（live from day 1），鼓励工程师在入职训练营的第一天就把自己的代码直接推送到网站上。

BEAN 增强剂：心理安全

　　20 世纪 90 年代，艾米·埃德蒙森（Amy Edmondson）研究了医疗团队的绩效水平与其报告的错误率之间的关系。她的假设是，业绩好的团队错误率会更低。但结果恰恰相反：业绩好的团队比业绩差的团队报告的错误更多。这似乎是一个悖论。随着埃德蒙森研究的深入，她重新认识到，这些团队实际上并没有犯更多的错误，他们只是报告了更多的错误。

这并不是一个给人心理安全感的环境!

　　埃德蒙森总结道，这是因为表现较好的医疗团队处于"心理安全"的环境中，这种环境支持坦诚的对话，帮助他们改进现状和突破界限。在过去，"心理安全"的想法一直停留在学术界的范畴，直到 2016 年《纽约时报》的一篇文章显示，谷歌的研究已经将"心理安全"确定为团队成功的关键推动力。埃德蒙森现在是哈佛商学院的长期教授，她在 2018 年发布了《无畏的组织》（*The Fearless Organization*）。2019 年，Thinkers50 为她颁发了"突破性想法奖"，颁奖后她调侃道："这次获奖具有一定的讽刺意味，因为现在才为 20 多年前的想法颁奖。"

　　创造一个让人感到心理安全的环境，显然需要很多努力。但对于一个合理且简单的起点，我们有两条建议。首先，让我们继续来聊聊失败。虽然学术文献表明，几乎每一个商业的成功背后都有失败的经历，但在大多数公司内部，只要从事跟"失败"有关的工作就会带来明显的耻辱感，甚至有职业生涯风险。成功的创新背后往往有看起来像是错了的"阶段性错误"。"如果我找到了一万种失败的方法，那我就没有失败，"爱迪生曾说，"因为每排除掉一个错误的尝试，都是一种进步。"那么，这是否意味着一个"心理安全"的环境会支持甚至是鼓励失败呢？不完全是。

　　这取决于失败的类型。当人们做了一些愚蠢或粗心的事情，或者以一种有负面影响的方式搞砸了事情——埃德蒙森称这些为"可预防的失败"——就应该受到惩罚。你能想象一个医生在进行常规程序时，自豪地说要杀死一个病人吗？

　　第二种类型的失败是"复杂型失败"，即在一个相互交织的复杂系统中，一个突发事件导致了一个不可预测的结果[○]。你可能会说："我们不可能事先知道或了解到这一点。"当这些失败发生在你身上时，要从中吸取教训，加强预警系统，并强化缓冲。

　　最后一种失败是"智慧型失败"。在这种情况下，正确的答案是未知的，事先无法得知。当这种类型的失败发生时，你会想："这很好。我们聪明地学到了我们此前不知道的东西。"这种情况下唯一的错误就是花了太多的时间或者花了太多的钱才发现自己错了。这种类型的失败，也只有这种类型的失败，才应该被庆祝。

　　在这里，"智慧"这个词需要特别强调。例如，斯科特曾经问过一家欧洲银行，它是否有过智慧型失败。"天哪，我们有吗？"一位高管说，"我们行动太快，在还没有考虑清楚或测试之前就推出了。我们下了很大的赌注——确实是非常大的赌注，是数十亿欧元量级的。我们可能犯法，也可能没有犯法。当我们失败时，这个决策几乎拖累了全球银行系统。"可见，"智慧型失败"是很少见的，所以我们非常强调"智慧"这个词。

　　埃德蒙森提供了一个包含 6 项建议的清单来判断失败的"智慧"程度。

　　1. 这个机会必须具有潜力，能够成长为非常重要的项目。

　　2. 应该非常清楚地阐述其背后的假设。

　　3. 应该有一个明确的计划来检验上述假设。

　　4. 测试应该被限定在合理的成本和范围内进行。

　　○　由所谓的黑天鹅事件引发的问题会是一个复杂问题的极端例子。

5. 相关重大的风险应该被详细说明，并在可能的情况下降低风险。

6. 即使失败也应该创造信息增量，带来有用的学习。

你还需要建立一些规则，可以对不同的想法进行不同维度的衡量。借用一个比喻〔改编自迈克尔·莫布森（Michael Mauboussin）的伟大著作《成功等式》（*The Success Equation*）〕：当一个人在玩轮盘游戏、玩国际象棋或者玩扑克的时候，评价其能力高低时有什么区别？你如何判断一个人是否擅长轮盘游戏？这有点像一个陷阱问题，因为轮盘游戏中没有所谓的高手，这是一个纯靠运气的游戏。如果有人在你的公司里玩一种看起来像轮盘的游戏，你完全可以说他们在冒愚蠢的风险，应该受到惩罚，因为这会导致可预知的失败。那么国际象棋呢？一个好的棋手会怎么做？你可能直觉地认为，要看棋手比对手领先几步的思考能力。要评估这种能力，就需要仔细观察某一盘棋。然而，我们可以给出一个简单的答案——优秀的棋手会赢，因为国际象棋是一个几乎完全依赖技巧的游戏。这意味着你不需要看一个棋手下棋就知道他有多厉害，你只需要看他过往的历史结果。

在大多数公司核心业务相对稳定的情况下，明确和衡量结果是考核人才的可行方法。扑克牌、21点、打棒球、投资股票，甚至创新，都融合了运气和技巧。从长期来看，去观察过往结果可以对能力形成一种有意义的指导，但从短期来看，你做错事可能得到好结果，而做对事也有可能得到坏结果。在这里，莫布森强烈建议，不要评估一个玩家得到的结果，而要看他们所遵循的过程或行为[⊖]。这意味着评估创新者，更多的是看他们学习的速度和效率，而非看近期的商业成果。

2013年，菲律宾一家价值5亿美元的水务公司——马尼拉水务公司，

⊖　做一个思想实验：一个玩"21点"的玩家已经有了18点，而庄家显示的是6，抽到的是3。是的，他们冒了风险并得到了回报，但这是愚蠢的风险。他们遵循了错误的过程，虽然最后得到了正确的结果。

建立了一个专门的团队来追求新的增长机会。这个团队学到的关键一课是，领导们需要戴不同的"帽子"。以下是其前 CEO Ferdz dela Cruz 的描述：

领导人需要戴上两顶帽子。一项用于核心业务，另一项用于新的风险投资。明确这两顶帽子的差异，能确保我们内心很清楚正在讨论的话题，并戴上正确的"帽子"。在这个问题上，我们的 CFO 可以作为很好的例子。我认为我们很幸运，因为 Chito（也就是马尼拉水务公司的 CFO）曾接触过风险投资。CFO 就象征着组织愿意承担多少风险，有些公司出现问题就是因为 CFO 阻止了一些投资。对我们来说，CFO 是拥抱两顶帽子思维方式的一个强有力的角色。

最后强调一点：人们有时会错误地认为，要形成心理安全的环境，就需要用过分宽松的政策来对待人们，或掩饰人们的不良表现。但情况并非如此。营造出心理安全的环境也可能是残酷的。以桥水公司（Bridgewater）为例，它是世界知名的对冲基金，由雷·达利奥（Ray Dalio）创立和领导。这家公司就是传说中的"透明公司"：所有的会议（除了极其敏感的人力资源讨论）都会被记录；在会议中，人们可以通过一个 app 收到实时的反馈；每个人都可以公开看到别人的"棒球卡"[⊖]，上面详细说明了个人的技能和发展领域。这种环境当然不是对每个人都适用的，但这给予人们心理上的安全。人们可以建设性地提出不同意见，把关注点放在潜在的假设而不是个人的喜好上。因为有据可查，且想法都经过深思熟虑，所以组织可以承担这样的风险。即使一个假设被证明是错误的，也不会面临惩罚。

⊖　"棒球卡"的例子放在我们附录的 BEANs 列表中。安迪坚定不移地认为板球是一项比棒球更优越的运动，他用 Top Trump 牌作为一个更有意义的例子。在查看了这个脚注后，他还指出："这个脚注可能涉及一些不好的东西……而且我才知道不能给脚注添加评论，这很奇怪。"

BEAN 增强剂：变色龙式领导

今天，领导者经常听到建议，让他们必须像体育界的传奇人物一样，但这并不意味着他们需要忍受无休止的练习或有幸得到一代人中罕见的基因、天赋。相反，这些传奇人物都拥有一定程度的"双手皆灵巧"（ambidextrity），也就是能够灵巧和熟练地使用他们的左右手和左右脚。打个比方，一个左右脑都发达的商业领袖在经营核心业务时，可以用左脑钻研 Excel 电子表格的细节，同时用右脑探索数字背后的故事。

虽然领导者确实越来越需要学习新的技能组合，以面对不同类型的挑战，但这个"左右手"的比喻存在一个问题。想象一下，如果詹姆斯（篮球之神）上了板球场，或者坦杜尔卡（板球界传奇）开始打网球，会发生什么？毫无疑问，他们会比一个普通人强，但他们不会是世界冠军级的。换句话说，灵巧性帮助他们更好地从事他们所选择的运动，但对于另一项非常不同的运动来说，是不够的。执行力和创新也是不同的，这意味着领导者需要的不只是一系列技能，他们还需要遵循一些在本质上就具有差异的方法，拥抱迥然不同的思维方式。

另一个比喻是想象一个变色龙式的领导者，他可以根据具体情况改变他的行为风格和思维方式。斯科特·库克是财捷集团的创始人兼董事长，他的故事在第六章中已有所描述，他是变色龙式领导者的一个典型例子。库克天生具有很强的纪律性，毕竟他是哈佛商学院的毕业生，曾是贝恩咨询公司的咨询顾问，还曾是宝洁公司的品牌经理（他现在是宝洁公司的董事会成员），而且他的软件产品已经为数百万人建立了财务上的纪律（financial discipline）。但是，库克同时也认识到，当他为创新项目的团队提供指导时，他需要用完全不同的方式思考和行动。在这种状况下，他把自己看作"试验者总指挥"。他敏锐地观察到，在创新的时候，没有人知道正确的答案是什么。而当今企业的很多领导者往往缺乏对陌生或不确定领域的直觉，因此领导者的工作不是做决定，用库克的话说，"领导者的工作是建立系统，使你的员工能够快速和低成本地试验，并不断地使它们更快、更低成本。尽可能多地把你的决定权交给试验。"

这听起来很简单，但做起来并不简单。领导者需要同时在多个框架中思考和行动，这些框架会带来冲突，让人变得自相矛盾。"经营好今天"，强调的是从现在开始安排工作、以始为终、仔细规划、周到分析，并有纪律地执行；但"创造明天"，需要凭直觉、站在未来、以终为始、进行试验，并承担审慎的风险⊖。长期以来，哈佛大学教授罗伯特·凯根（Robert Kegan）将应对这类挑战所需的成人发展阶段称为"自我转型"。在这个阶段，个人"可以从我们自己的意识形态或个人权威的限制中抽离出来，并进行反思：看到任何一个系统或自发形成的组织在某种程度上都是片面的或不完整的，从而发展出对矛盾和对立面的包容和理解，追求建立和维持多个系统的共存，而不是将除一个系统外的所有系统都排除在外"。不幸的是，研究表明，只有不超过5%的高绩效管理人员达到了这种领导水平。在一个稳定的时代，获得成功需要严格的执行力，这种多系统共存并不那么重要。但在我们这个变化迅猛、动荡不安的时代，这一点非常重要。

⊖ 在斯科特的最后一本书《双重转型》（*Dual Transformation*）中，他将这两个世界简称为"转型A"和"转型B"。前者是重塑今天的企业，从而提高其韧性；后者是创造明天的增长引擎。

如此多的领导者都缺乏这种能力并不令人惊讶。毕竟，大多数高绩效的管理人员要么在上文提及的"以始为终"的范式中，或者在"以终为始"的范式中发展他们的技能、直觉和隐性知识，很少同时在这两个范式中发展，也几乎没有在同一时间发展。而领导力发展（除了少数例外）还没有跟上新的需求。要想改变自己，领导者必须更加注重心态、意识和内在能力，既要消除"在不确定性中很难做出决策"的基本偏见，也要在不同的框架之间切换。对于这种状况，并没有"速效药"来快速解决。但研究表明，最好的起点是接受一种被广泛称为"正念"的方法。对一些人来说，这个词可能听起来很模糊、很古老，但是冥想及相关的做法，即利用呼吸调整思想和感觉，已被广泛认为对健康有益，比如可以提升能量和减少压力。这本书的目的是要让人们意识到，正念可以增加一个人后退和暂停的能力，不仅意识到自己的习惯性思维模式，也意识到自己的情绪反应。例如，一个有意识的领导者可以看到自己的反应，这给了他识别和克服盲目偏见的工具，并有意识地在不同领导模式之间切换。一些成功实现了"转型变革"的领导者带火了正念，也让正念的价值被更多人所知。马克·贝托里尼（Mark Bertolini）领导美国健康保险巨头安泰保险（Aetna）进行了大胆的转型，最终实现了和 CVS Caremark 公司的合并，他是公司早期推动正念项目的倡导者。贝托里尼认为，正念缓解了他在一次滑雪事故后的慢性疼痛，当他从一种罕见的癌症中康复时，正念也缓解了那种慢性疼痛。正念还提高了他处理信息和做出敏锐战略决策的能力。他说："无论是在一个小型组织还是大型组织中，同时有这么多事情发生，你可能会因为试图处理所有的事情而被'冻住'（get frozen），因而不能在现场，不能好好倾听，不能专注于真正重要的事情。"

一些公司正在有意识地创建一支"领袖"队伍。例如，SAP 公司已经培训了超过 10 000 名员工使用正念来改善自我认知、调节情绪、提高韧性和同理心。参与者的相关报告表明，他们的自我意义感、专注力、思维的清晰度和创造能力都呈现出两位数的提升。强生（Johnson & Johnson）公司长期以来始终关注员工的福祉，其最近的努力集中在能量和绩效上，希望帮助员工实现"对工作和生活的充分参与"。参与者回答诊断性问题，如："你是否活在当下、专注和有充分意识？"同行评审员评估"他们的自我形象是否使他们无法成为他们希望成为的人"。领导者是建立这些能力的积极榜样。例如，CEO 亚历克斯·戈尔斯基（Alex Gorsky）长期佩戴健身追踪器，并公开谈论精神健康和生产力之间的联系。

| 案 例 研 究 |

萨提亚刷新代码

　　21 世纪的第一个十年，我们可以将其称为"微软失去的十年"。2000 年 1 月 13 日，史蒂夫·鲍尔默（Steve Ballmer）接任比尔·盖茨（Bill Gates）成为微软的 CEO。当天，微软的市值约为 4000 亿美元。整整十年过去了，微软的市值降到了约 2330 亿美元，跌幅约 40%。我们可以借用约翰·杜尔（John Doerr）关于 20 世纪 80 年代风险投资兴起的金句——"我们见证了（同时受益于）地球上最大的、合法的财富创造"将这句话倒过来，微软的经历则是"地球上最大的、合法的财富破坏"之一。微软其实完全有技术能力来创造 Kindle（来自亚马逊）或者 iPod、iPhone 和 iPad（来自苹果），又或者是开发出基于搜索的广告（来自谷歌）。

　　然而，微软的发展却遭遇了挫折。接任盖茨的鲍尔默为了加速微软手机业务的增长，领导了一次失败的行动：在 2013 年，微软用超过 70 亿美元的价格收购了诺基亚的手机部门，但就在 18 个月后，微软对收购的诺基亚手机部门账面价值进行减值，下调了超过 70 亿美元，$^\ominus$也就是承认了它收

　　$\ominus$　这里是微软在公司财务中对资产价格进行减记，意味着这项资产随着时间或市场变化而减值。——译者注

购的项目实际上是"不值钱"的。

与此同时，微软的产品组合也在悄然发生着变化。微软将其核心的办公套件搬上了云端，创建了通过网络交付的模式，让更多人在更多地方、更多设备上能够使用这套高效率办公软件。微软的 Azure 云基础设施产品使其成为亚马逊云计算产品的有力竞争对手。微软 Xbox 电子游戏平台也占据了强大的市场地位，配套的 Kinect 运动传感器跟同类产品形成了明显的差异性，也展示出向新市场扩张的潜力。同时，微软在增强现实（AR）、触觉计算（haptic computing）和人工智能（AI）等技术上的投资也持续推进。

2014 年 2 月 4 日，当微软宣布萨提亚·纳德拉（Satya Nadella）将成为公司第一位非美国出生的 CEO 时，股市打了个"哈欠"，当天微软股票应声下跌。然而，在接下来的 5 年里，纳德拉却领导了一场惊人的变革，让微软重新夺回世界上最有价值公司的席位。在纳德拉作为 CEO 五周年之际，微软市值达到 8100 亿美元，5 年间增长了近 3 倍。这位思维活跃、热爱板球的 CEO 是如何做到的？显然，很多故事都与聪明的投资组合有关，但纳德拉努力推动被学术圈称为"成长型思维"方式，也起到了重要的作用。

"成长型思维"是斯坦福大学教授卡罗尔·德韦克（Carol Dweck）在《终身成长：重新定义成功的思维模式》（*Mindset: The New Psychology of Success*）一书中提出的概念。成长型思维实质上是一种基本的信仰，即相信个人有能力学习和发展，没能解决问题不会被视为性格缺陷，反而是成长和发展的机会。成长型思维与固定型思维形成了鲜明的对比。在固定型思维中，由于一个人认为自己的能力是固定的，所以失败就意味着缺乏某种能力。研究表明，具有成长型思维的人往往会有更高的目标，更乐于承担风险，有更高的动机和更低的压力，与团队的关系更好，而且获得更高的表现分数。所有这些都让成长型思维的人能更灵活地应对模糊性，更容易管理创新之旅关键的第三阶段。

纳德拉的妻子送给他一本德韦克的书，并不是为了支持他的工作，而是为了让他们夫妻俩在治疗孩子疾病过程中获得更多帮助。在被任命为CEO后不久，纳德拉在奥兰多举行的一次面向市场部门员工的大型聚会上发表演讲，阐述了他对"成长型思维"的理解，以及这种思维方式与组织文化之间的联系：

我们可以怀揣任何雄心和野心，我们可以设立任何大胆的目标，我们可以憧憬我们的新使命。但只有当我们践行我们的文化，只有当我们传播和教授我们的文化时，这一切才会发生。对我来说，文化模式不是静态的，而是动态的、学习型的。事实上，我们用来描述我们新兴文化的短语是"成长型思维"，因为它关乎我们每个人，我们每个人都有这种态度：能够具有打破任何限制的心态模式和思维模式，能够经受住任何挑战，让我们自身有可能得到成长，从而使公司获得成长。

从本质上讲，纳德拉的意思是，财务业绩是一个滞后的变量，是追求个人成长的结果。"我不是在谈论底线增长，"纳德拉在《刷新》（*Hit Refresh*）中写道，"我说的是我们的个人成长。如果每个人都能在自己的角色和生活中成长，那么我们就将作为一个公司共同成长……我本质上是希望员工发现他们内心的激情，并以某种方式将它们与我们公司的新使命和文化联系起来。"

纳德拉的观点是，运营成长型思维需要"关注客户、拥抱多样化、建立包容性"，并从"无所不知"转变为"无所不学"。听起来很熟悉吧？这些品德与第一章中描述的创新工作方式重合度极高。纳德拉不只是谈论这些行为，他还经常以身作则："一个富有同理心的领导者需要进入外面的世界，在人们生活的地方与他们见面和交流，亲身体验我们创造的技术如何影响人们的日常活动。"他和他的团队已经创建了一些项目来帮助人们实现成长型思维的行为，例如每年一次的黑客马拉松，被称为"一周"（OneWeek）。在"一周"内，每个人都可以在微软的校园里学习、合作以及成长。超过10 000人参加了第一期"一周"，从中诞生了3000多个黑客点子，从改善供应链的想法，到让残疾人更容易使用计算机的方法。

　　清晰、一致、简单的沟通帮助微软在整个公司内部实现了变化。创新始于微软使命的一个重要变化：从"让每个桌面上都有一台电脑"转变为"赋能地球上的每个人和每个组织，使他们能成就更多"。这一变化清楚地表明，微软想要把它的生产力工具带到尽可能多的平台上，做一些曾经自己很反感的事情，比如把软件的完整版本放到苹果应用商店，或者与Linux这个开源平台密切合作。纳德拉写道："我知道，微软需要重新找回自己的灵魂，成为一家让每个人和每个组织都能获得强大技术的公司——使技术民主化。"他和他的团队在一页纸上写下了微软的（修订后的）使命、世界观、雄心和文化。对于一家历来依赖密集的演示文稿来传递信息的公司而言，这种方法是颠覆性的。一如既往，清晰的沟通建立了理解的基础并加速了变革。

　　"我总是喜欢这样想，CEO中的C代表的是文化（culture），CEO是一个组织中文化的策划者，"纳德拉写道，"正如我在奥兰多告诉员工的那样，当一个公司的文化总是用倾听、学习和发掘每个人的激情和才能来完成公司的使命时，一切皆有可能……组织文化并不是简单地'解冻'、改变，然后以理想的方式重新'冻结'起来的东西。它需要人们深思熟虑，也需要一些关于文化应该成为什么的具体想法。"

　　纳德拉认识到，文化变革必然是一项始终在进展中的工作。"因为我已经把微软的文化变革放在很高的优先级上，人们经常问它进展如何。我想我的回答非常'东方'：我们正在取得巨大的进展，但我们永远不会完成这项任务。文化变革并不是一个有开始和结束日期的项目，而是一种存在方式。"

工具：创新者的检查清单

通过对创新的实战和调研，我们设计了一张很容易上手的检查清单，它可以帮助我们设计创新之旅。请注意，这份清单并没有评判一个想法是好还是坏，只是去检查一个团队或小组是否采取了一种方法能够让他们以最快的速度学习。请考虑以下 10 个问题：

1. **创新发展是否由一个小型的、专门的、拥有相关经验的或准备好在"做中学"的团队带头进行？** 没有合适的、专门的资源，任何想法都不会成功。人们很可能在业余时间做出贡献，但必须有人来负责，否则创新根本不会发生。

2. **团队是否花了足够的时间直接与潜在客户打交道，从而深刻地了解他们？** 无论你花了多少时间与客户相处，都是不够的。史蒂夫·乔布斯有句名言："知道客户想要什么，不是客户的工作。"乔布斯是对的，这是你的工作。只有发展出对客户设身处地的同理心，才能使你对客户的了解超过他们对自己的了解。

3. **在考虑为这些客户提供服务的新方法时，团队是否回顾了其他行业和国家的发展？** 记住传奇艺术家巴勃罗·毕加索的格言：好的艺术家只会模仿，而真正伟大的艺术家会剽窃。世界上可能有人已经解决了你努力想要解决的问题。虽然他们可能不在你公司里，可能跟你不是一个行业、不在一个国家，但他们就在那里。创新者应该生活在十字路口，获得尽可能多的刺激和启发。利用和改造现有的解决方案来解决某个问题，是创造价值的最好方法之一。

4. **团队能否清楚地定义第一个客户，以及去接触其他客户的路径？** 好的创新者往往有着伟大的梦想，但梦想的实现却从很小的一步开始。对于你的第一个客户，你要尽量给出具体的定义。他/她的名字叫什么？他/她住在哪里？他/她为什么要买你的产品和服务？同时，不要忽略了下一步可能出现的情况。在初期，扩张的途径越多越好。

5. **这个想法提出的商业模式是否有详细的描述？** 通常情况下，要想成功创新，必须综合考量很多事情，结合很多不同的能力。至少要想一想你将如何营销、分销、定价、生产、供应、销售、支持整体的运作，并最终从你的想法中获利。如果你考虑得不彻底，你很可能会错过一些关键的东西。

6. **团队是否有一个关于产品如何赚钱的可信假设？** 创新是能创造价值的与众不同的东西。如果你还没有一个关于你将如何创造价值的想法，你就不能实现真正的创新。

7. **团队成员是否已经确定了所有事情以确保假设可以发挥作用？** 这些事情必须是真实的，这样才能使创新方案发挥作用。每个想法都有部分正确和部分错误，优秀的创新者可以清楚地将事实与假设分开，并寻求有效的方法将未知的东西变成已知的东西。

8. **团队是否有一个计划，来测试所有能想到的不确定因素，并首先解决其中最关键的问题？** 每项测试是否有明确的目标、假设、具体的预测和战术执行计划？成功的创新总是来自严谨的试验。在你管理和消除不确定因素时，必须力求科学化流程，因为不确定因素构成了创新想法的基础，你必须科学严谨地进行检验。

9. **固定成本是否足够低，以便于纠正方向？** 唯一可以确定的一点是，为了使你的想法获得成功，你将不得不做出一些改变。即使在短期内多花了一点钱，也建议你通过外包和使用第三方供应商来保持成本的灵活性，从长远来看，这甚至可以避免一些痛苦。

10. **团队能否快速落地想法的原型，从而快速行动？** 与精益创业运动有关的最有力的一个概念是"最小可行产品"（MVP）：一个足以解决客户最关心的问题的产品，它不需要加很多花哨的东西。最小可行产品并不总是意味着你需要做出一个物理原型，一个模拟的网站、一个引导客户了解新流程的故事板，甚至一个展示想法将如何运作的短剧，都可以作为加速学习的工具。

第四阶段：推进创新

创新之旅的最后一个阶段包括：从试验和学习，到落地和扩张。我们将经历一个重要的转折点，因为，创新是"能创造价值且与众不同的东西"。如果在前三个阶段，你已经为一个重要的问题找到了一个令人信服的解决方案，并解决了最关键的不确定风险，你当然希望创造尽可能多的价值！所以现在，你必须要有足够的耐心。在这个阶段，获得赋能和授权是至关重要的，因为创新想法太容易陷入僵局，被"战略阴影"导致的制度化惰性所扼杀。请继续阅读，看看这些动作的好处：拉下"安东绳"，加入"创新催化剂"，并杀死那些还在困扰你的"僵尸"。

相关的 BEANs

赋能和授权的行为包含了一种"主人翁心态"，在这种心态下，你虽然还是会寻求指导，但是不用每个行动都要等待授权许可。表 8-1 列出了推进想法的完整 BEANs，表 8-2 列出了不完整的 BEANs。

表 8-1　推进想法的完整 BEANs

组织和 BEAN 的名称	描述	行为赋能器	人工道具	助推器
Spotify：赌注板	一张包含所有创新赌注的集中式数据表，Spotify 所有员工都可以访问该表	阐释想法的标准格式，包含详细数据、见解、目标和赌注（DIBB，即 data、insight、belief、bet 四个单词的首字母大写）	一张谷歌电子表格，记录所有个人的赌注	能加强 Spotify 的 DIBB 结构的公开信息
美味餐饮（Tasty Catering）：商业大游戏	一场每周都举行的游戏，让大家一起学习更多关于企业如何运作的知识	用来教导商业原则的清单和工具	这场游戏本身	将商业结果游戏化
丰田：安东绳	汽车车间的一种机制，任何员工在看到问题时都可以通过拉绳来停止生产	直接鼓励员工像所有者一样思考问题并采取行动	一根物理形态的（或数字形态的）线	围绕安东绳价值的公司历史和故事

表 8-2　推进想法的不完整 BEANs

组织和 BEAN 的名称	描述
Asana：周三不开会	每周有一天员工可以进行"深度工作"而不用开会
财捷集团：创新催化剂	受过创新培训的员工作为催化剂，最多可以担任教练的时间占自己全部时间的 10%
领英（LinkedIn）：InDay	员工每月可以在自己和自己最感兴趣的项目上投资一整天的时间

丰田：安东绳

这个鼓励赋能和授权的经典案例来自于丰田。丰田获得长期成功的关键是"丰田生产系统"（Toyota production system，TPS），这种精益生产管理的系统也被人们长期深入研究。过去传统制造商认为生产的质量、速度和成本三者之间存在着此消彼长的权衡。而丰田采用了一种方法可以同时实现这三个方面：几近疯狂地专注于持续迭代和减少浪费。虽然丰田生产系统包含很多个部分，但其中一个关键是"安东绳"，这是一根安装在丰田汽车生产线上的特别的拉绳。因为所有丰田员工都被视为各自领域的专家，所以当他们发现任何威胁到汽车质量的因素时，就可以通过拉动安东绳，来停止生产线的作业。这种程序不仅能及早阻止问题的发生，而且能通过赋予员工生产过程中的自主权，使其能够在出现问题时发表意见，形成一种授权的文化。

美味餐饮：商业大游戏

通常来说，有两个因素会阻碍授权：一是缺乏信心，二是不了解将想法转化为真实价值背后所涉及的问题和假设。一家位于伊利诺伊州芝加哥的餐饮公司——美味餐饮，在2011年的一次会议上开创了一种独特的方式，以帮助其员工了解更多关于商业的信息，这个方式就是玩游戏。这家餐饮公司一直相信，需要让每个员工都充分了解企业的财务状况，所以每周他们都会玩一个定制版游戏，叫作"商业大游戏"。每个游戏参与者都需要对企业财务损益表中的某个项目进行预测，然后将预测结果与实际结果进行比较。最后，大家为胜利者庆祝，同时一起分析失败的预测为什么会出现偏差，这个游戏能够集中大家的智慧，帮助整个企业获得更多样的思考和想法，进一步改进模式，并提升企业的财务表现。

Spotify：赌注板

我们要介绍的第三种帮助推进想法的 BEAN，来自数字音乐公司 Spotify。这个有趣的 BEAN 名为"赌注板"，用来跟踪公司、部门和团队不同层面的关键战略举措。每个赌注都会被记录在一份短小精练的简报中，其中包含四部分内容：赌注相关的数据、来自数据的有趣见解、由见解激发的信念以及赌注本身。所以，Spotify 把这个简报的框架概括为"数据、洞察、信念、赌注"。赌注板基于这个框架，形成一张向公司所有人开放的谷歌电子表格。表格上列出了每个赌注的名称、赌注的赞助商和赌注的"路演经纪人"（road manager）。一份两页的简报将进一步介绍 DIBB、利益相关者和关键成功指标。同时，赌注委员会帮助领导者确定项目的优先次序，帮助赌注团队关注他们需要做什么，从而推进他们的想法，并帮助更广泛的 Spotify 社区了解公司的关键举措。

不完整的 BEANs

虽然通过前面的文章我们已经达成共识，人们常常说没有时间创新，或者没有足够的培训会阻碍创新，但实际上更深层次的阻碍是现有的习惯产生的惰性，包括这些习惯背后的支持性流程和系统交织在一起，会阻碍创新的发生。但是当你已经克服了这种惰性，而且已经把一个想法推进到创新之旅的这个阶段，那么缺乏时间或培训不足就会对创新产生巨大阻碍。

要使一个想法取得实质性进展，需要有人（而且往往是很多人）花大量的时间在上面。然而，大多数工作者的日程表上都没有什么空闲时间，很少有员工有大量闲散时间坐在办公桌前摸鱼。确实，我们无法确定员工们是否正在做合适的项目，但一般来说，员工并没有空余的时间和能力来做不同的事情，这是事实。

下面的两个例子来自 Asana 和领英，这两家企业的 BEANs 最终变成了"时间的礼物"。Asana 是脸书联合创始人达斯汀·莫斯科维茨（Dustin Moskovitz）再次作为联合创始人所创办的提供工作管理解决方案的企业，他提出"周三不开会"（no meeting wednesday）原则，让员工在这天能有不间断的时间工作。

领英有一个名为 InDay 的仪式，员工每月可以在自己和他们最感兴趣的项目上投入一天时间。这个 BEAN 的目的是让员工有时间"投资、激励和创新"。每个 InDay 都有一个主题，由其执行团队的成员选择，员工可以在分布于世界各地的"文化倡导者"的帮助下，自由地将他们的工作与所选择的主题联系起来。

另一个例子来自财捷集团专门设置的"创新催化剂"（innovation catalysts）机制。虽然创新是一门学科，但做好它需要实践。所以，人们需要时间来完整地遵循和执行创新的行为方式。为了在组织中传播创新技能，经过专门培训的员工成为创新催化剂，他们会利用 10% 的时间对团队内外的员工进行辅导、指导和启发。普通员工也可以在他们自身的项目和非结构化时间里，向创新催化剂寻求帮助。反过来，创新催化剂能够分享和借鉴普通员工的经验和教训。两者相辅相成，不断向着共同的创新目标前进。

BEAN 增强剂：创新宣传的反抗者

还记得引言中那个带着生锈的锁的"鼓舞人心"的灵感盒子[○]吗？BEANs 有助于和我们称之为"创新宣传"的做法做斗争。为了支持这些 BEANs，特别是在当下这个关键的阶段，一定要把这些点联系起来。第三章我们提到了史蒂夫·科尔的管理经典，"奖励 A 行为却希望出现 B 行为的愚蠢做法"，也就是你想要的东西与你奖励的东西不一致时，或者当你要求人们做的事情与组织的基本信念不一致时，就会出现这种愚蠢的现象。解决这个问题的一个简单方法是提出一个最简单的问题：如果我们这样做，我们还需要做什么来支持我们的目标？然后，为了回答这个问题，考虑以

　○　这个故事之前出现过，它确实是一个好故事。

下 5 个观点，并尝试将它们关联起来。

1. 如果你希望员工产生新想法，那就建立机制，促使新想法的产生。

3M 和谷歌等公司的工程师们在分配给副业的 15% ~ 20% 的时间里，创造了诸多新想法和新机会，他们的故事鼓舞人心，所以使其他公司的高层管理者们神往。但一定要注意，这都是建立在你的组织确实有强大而完整的机制来接受这些碎片化的想法，并进行有效的处理，确实能把这些想法落地。如果你具备这些条件，那么就请打开新想法的水龙头吧！但是，如果没有强大的组织支持，你就会创造一个虚拟的、上锁的灵感盒子。虽然员工们产生了很多想法，但是注定不会有任何进展，而且，这还会加重他们的负面情绪和对组织的抱怨，比如"我们有那么多好想法，一个都落地不了"。因此，你不必重新建立一个常设部门，只需要简单地制定一套标准来判断想法，并预先确定你将对最好的想法做什么即可。

2. 如果你寻求答案，那么请定义什么是亟待解决的问题。

创新是能创造价值且与众不同的东西。只有当你解决了一个重要的问题，你才能创造价值。高管们常常认为刺激创新的最佳方式是消除限制，让成百上千的花朵绽放。但是这些努力过度分散，只会产生很多营养不良的花朵。让人意外的是，"制约因素"和"创造力"其实是一对亲密的朋友。制约因素从"如何进入新市场"这样的战略问题到"如何使视频会议更有吸引力"这样的日常问题，不一而足。总之，不管是什么问题，越具体越好。

3. 如果你想让人们做实验，那就需要给实验室配备物资。

创新的成功源自有规律的实验。来看看莱特兄弟是怎么发明第一台飞行器的吧。让我们回到大约 120 年前，整个世界都痴迷于科学的进步。机器时代已经来临，科学革命已经发生。然而，还有一个让人类困惑了数千年的问题没能解决：鸟能飞，为什么人不能？当时大多数有志于飞行的人是如何处理这个问题的呢？他们设计了飞行器，勇敢地爬上悬崖，然后跳下去。但他们得到的最好结局是什么？重新回到绘图板。最坏的结果是什么？永远没有再次尝试的机会。

莱特兄弟以不同的方式提出了这个问题。[一]风筝和滑翔机的好处是，当它们坠毁时，没有人会受伤。而坠毁、失败，是做任何实验时的常态。使用风筝或滑翔机就类似于创造一个原型，在你正式启动之前先尝试小范围测试市场，或者在你要求团队投入资源去做之前，自己先尝试一些东西。而也许更关键的是，为了优化他们的风筝和滑翔机，莱特兄弟把自行车辐条线、一个纸板箱和一个风扇整合在一起，创造了一个风洞，使他们能够模拟飞行条件。想象一下这种感觉吧，其他人都在研究那些很可能崩溃的装置，而莱特兄弟在两个月时间里，进行了约200次实验，测试了几十种不同类型的机翼设计。借用莱特兄弟的故事来做比喻，在组织中与风洞相对应的机制是模型、模拟实验以及实验台。当然，你所在组织的创新者需要有制造风筝的材料，有放飞风筝的空间，有进入风洞的机会。如果他们没有，或者他们需要层层申请，获得12项批准才能这样做，那你就不要指望看到很多实验。

4. 如果你想要产生真正的影响，那么就需要分配真正的资源。

太多公司创造出了"波坦金组合"。这个比喻来自于俄国王子格里高利·波坦金（Grigory Potemkin），他用纸板和画布搭建的度假的村庄给凯瑟琳大帝留下了深刻的印象。很多公司仅仅在纸上画出了美妙的想法，而完全没有考虑将其变成现实所需的资源。创新是艰苦的工作。绝大多数创业公司都会失败，即便一个团队不知疲倦地奉献，也很可能最终会失去一切。如果你不把适合的资源用于你最好的想法，你就任由好想法走向失败吧。至少，必须有人将创新想法的推进列为其三大优先事项之一。否则，创新

○　今天，大多数创新工作者会把这称为最小可行产品（MVP）。

想法就永远不可能成真。

5. 如果你需要破坏性创新，那么就专门留一部分资源出来。

哈佛大学教授、Innosight 公司联合创始人克莱顿·克里斯坦森提出了著名的"创新者的窘境"理论，其本质可以概括为：公司优先考虑为维持今天的业务而进行的投资，而不是那些有潜力创造明天业务的投资。从某些方面来说，这是非常合理的。毕竟，投资于现有业务的一美元会产生可衡量的、近期的回报，而投资于非现有业务的一美元，只能在一个难以确定的未来日期，产生不能确定的虚无缥缈的回报。当然，从长远来看，这种对"破坏性创新"的投资可能是一个更好的提议，但如果公司没有专门留出资源来推动它，短期利益总会赢得资源。

BEAN 增强剂：创新的放大器

前文提到财捷集团推行的"创新催化剂"是一个 BEAN，但它也具有创新放大器的功能。下面列举了你可以选择的 8 种类型的创新放大器。

外部放大器

1. **企业风险投资（corporate venture capital，CVC）**。企业风险投资部门对初创企业投资。投资者追求的往往不仅是财务回报，而且是更多地了解新兴技术和商业模式。英特尔（Intel）在这方面有着悠久的历史，它向那些可能需要更多支持的创业公司提供资金，而这些公司的发展又可以提升对英特尔核心业务（半导体）的需求。

2. **外部孵化器和加速器**。这些放大器提供了一种与外部创业公司合作的结构化方式，目的是更多地了解外部创业公司，为未来的合作或收购创造潜力。外部孵化器更侧重于早期阶段的初创企业，而加速器更侧重于成长阶段的初创企业。例如，巴克莱（Barclays）银行与纽约、伦敦和特拉维夫的一个名为 Techstars 的加速器合作，为早期阶段的金融技术初创企业举办创意竞赛。获胜的初创企业会得到资金，以及来自伦敦巴克莱银行"新星加速器"的加速器空间及其相关辅导。

3. **技术和商业模式的考察。**相关职能部门的任务通常是系统地探索新的和颠覆性的商业模式，以及其背后的支持技术。例如，德国中央银行有一个"趋势侦查团队"，负责对技术趋势及其相关的金融科技初创企业进行分类和跟踪。"趋势侦查团队"与内部专家合作，从时机、颠覆性风险和新营收来源的机会等方面评估每个技术趋势，最后将侦查到的信息整合成一个"趋势雷达"，以提供给构思会议（ideation sessions）和向产品团队展示。

4. **战略性业务的发展。**一个组织发展这种能力是为了与外部公司合作或进行收并购，或者与研究机构合作以推动共同创造价值。思科系统公司（Cisco System）也许是利用战略性业务发展作为创新放大器的最著名的例子。在其历史上，思科已经进行了 200 多次收购，从中获得新的能力、优秀的员工，甚至是商业模式。

内部放大器

1. **内部孵化器。**组织内部设置孵化器来孵化新项目，通过寻找内部问题，然后设计、测试和完善想法，通过临时借调人员，或者组建专门的"特警队"（SWAT teams）来开展更具变革性的项目。一个著名的内部孵化器的例子来自洛克希德·马丁公司的"臭鼬工厂"（Skunk Works）。查尔斯·凯利·约翰逊（Charles Kelly Johnson）在 1943 年成立的这个小组，后来被命名为"臭鼬工厂"。他和他的团队在 143 天内开发了 XP-80 喷气式战斗机。这个团队 [也被称为前沿发展项目组（advanced development programs）] 推动生产了一系列标志性产品，如 U-2 间谍飞机（U-2 Spy Plane）、SR-71 黑鸟（SR-71 Blackbird）和 F-22 猛禽（F-22 Raptor）。

2. **创新催化剂**。"创新催化剂"是协调和连接创新工作的专家，通过能力建设的方法和举措，推动组织内的技能转移和思维方式的改变。星展银行案例中的"不创新的创新团队"就是创新催化剂发挥作用的一个例子。

3. **思想资源平台**。这些平台作为一种方法，通过众包活动，如创意挑战或黑客马拉松，来整理内部创意。例如，全球食品巨头美国通用磨坊（General Mills）食品公司建立了一个平台，由一个名为G-WIN 的专门团队管理。该团队与美国通用磨坊食品公司的业务部门合作，发现和确定关键的创新挑战。然后，美国通用磨坊食品公司的员工可以通过 G-WIN 来提交初拟的解决方案。

4. **研究和开发**。研究和开发（简称研发）是产生创新原料的一种正统方法。研发是科技公司的核心，很多其他行业的组织也可以建立类似的结构，来探索新技术，从而驱动业务或运营模式的转变升级。例如，一家律师事务所可以建立一个正式的机制，形成专门的资源，用来自由地探索和试验运用智能合约和人工智能的新模式。

大型企业可能会有多个放大器协同工作，而小型企业可能会选择最适合其环境的几个放大器。创新文献包括斯科特和 Innosight 同事大卫·邓肯的《建立增长工厂》（*Building a Growth Factory*）提供了更多关于如何采用相关方法和放大器的见解。

| 案 例 研 究 |

在联合国儿童基金会扩大创新规模

如果说"必要性"确实是创新之母，那么我们不应该惊讶，联合国儿童基金会天然是创新的土壤。该组织成立于 1946 年，其具体目标是为受战争影响的儿童提供食品和医疗保健。如今，它是世界上最具全球性的组织之一，在190多个国家和地区运作，拥有世界各地19 000多名员工。其宗旨是"对于幼儿、儿童及青少年，拯救他们的生命，维护他们的权利，帮助他们发挥自己的潜力"。

联合国儿童基金会一直在创新，但在过去的15年里，它一直在寻求更有目的的创新，希望产生更大的影响。这一转变可以追溯到2007年联合国儿童基金会传播司的沙拉德·萨普拉博士（Dr. Sharad Sapra）的努力。"我们创造了一个机会，用尽量少的资金投入，吸引几个人围坐到一起，以不同的方式思考问题，"塔尼娅·阿肯（Tanya Accone）回忆说，她是传播司的战略规划人员，"我们的目的是开拓出空间，让人们来探索新想法。这就是转变开始的地方。"

萨普拉博士搬到了乌干达，并重新定位创新，使创新成为联合国儿童基金会在该国的业务中心。阿肯描述了萨普拉给组织设置的创新挑战。萨普拉博士说："我们不打算做以前做过的事情，因为如果我们那样做，就可以直接推断出结果，而现在的状况就会继续。我需要空间能看到如何创造出曲棍球棒效应⊖下的指数级变化。"

随着越来越多的参观者来到乌干达观察萨普拉博士创新的结果，有一个结论变得越来越清晰：联合国儿童基金会应该采取更结构化的方法来进行创新。于是在2015年，联合国儿童基金会成立了全球创新中心（Global Innovate Center，GIC），目前由阿肯领导。GIC是一个联结全球的团队，隶属于联合国儿童基金会创新办公室。GIC发掘有前景的市场并推动规模化，加强联合国儿童基金会的整体创新能力。例如，在2020年年初，GIC发布了一个整体的创新工具包，这个工具包利用了国际发展创新联盟（International Development Innovate Alliance，成立于2015年的合作平台，

⊖　曲棍球棒效应（Hockey-stick Effect）又称曲棍球杆现象，是指在某一个固定的周期（月、季或年），前期销量很低，到期末销量会有一个突发性增长，而且在连续的周期中，这种现象会周而复始，其需求曲线的形状类似于曲棍球棒。——译者注

其使命是"积极促进和推动创新，帮助实现可持续发展"）的服务。该工具包还针对特定需求提供专业知识，这可以帮助市场上的创新者形成并扩展他们的想法，既为他们自己的市场服务，也为他人服务。

GIC 是对联合国儿童基金会其他创新手段的补充。例如，在旧金山的一个团队与初创企业和风险投资机构合作，帮助发现有前途的技术，以此帮助联合国儿童基金会完成其使命。另一个在纽约的团队更像一个风险投资机构，为创业公司提供资助，帮助创业公司们进一步发展创新想法，并落地符合联合国儿童基金会使命的市场试点。比如，在农村地区使用无人机送药。还有其他团队开创了创新筹资方法（这是联合国儿童基金会使命的核心）以及供应链管理⊖。联合国儿童基金会坚信，当它与生态系统积极合作时，整个组织正处于最佳的状态。联合国儿童基金会寻求"最大限度地与企业建立共享价值的伙伴关系，同时最有效地撬动我们的核心资产"。

阿肯的小组有一个全球咨询委员会，其中永久性地包括其捐助者（韩国政府、飞利浦基金会、加拿大、英国和美国的儿童基金会国家委员会）以及根据委员会的地点和主题精心挑选的领域专家。联合国儿童基金会的召集能力使其能够接触到顶尖的专家，而其创新基础设施有助于确保专业知识流向正确的地点。

联合国儿童基金会的创新基础设施有意识地配备了不同背景的人员。当然，团队成员需要有来自发展中经济体的经验，他们将自己的技能与联合国儿童基金会的新能力相结合，如数据分析、以人为本的设计和商业建模。

阿肯还指出了拥有正确心态的重要性。"我们都知道有一句谚语，一个人可以走得很快，但一群人可以走得很远。我们的团队需要谦虚，有一颗乐于学习的心和专业的精神，"她说，"你将面对一系列的阻力。你必须成

⊖　一个有趣的事实是：联合国儿童基金会是世界上最大的铅笔和疫苗购买者。

为最专业的人并消化这些阻力。"

GIC 有助于加强各国国内团队的执行力，同时也可以发现更多机会来完善和扩大在多个国家发挥作用的项目。"我们可以看到正在解决问题的一些实际方案。那么这些解决方案是否具有潜在的相关性和规模性？它是否在许多地方解决了相同或类似的问题？"阿肯说。"我们在投资组合中挑选出的少数几种东西是什么？这几种东西经过培育之后，要能够扩展到几十个国家。"

下面的基本原则将联合国儿童基金会对于创新所付出的努力，与构成创新文化支柱的行为很好地结合在一起：

1. 我们重视技术、设计和国际发展（好奇心和寻求协作）。

2. 我们相信，没有人能仅靠自己一个人的努力抵达目的地（寻求协作）。

3. 我们自 2007 年以来一直在做这件事，并且这些年来无论是面对成功还是失败的结果，都一直在持续（灵活应对模糊性）。

4. 我们迅速采取行动，并为可能改变世界儿童现状的想法承担可衡量、可控制的风险（充分赋能和授权）。

5. 我们的工作是由 190 多个国家和地区的儿童需求推动的，尤其是最边缘化的儿童（客户至上）。

6. 我们从小做起，但在全球范围内推广经过验证的解决方案（灵活应对模糊性）。

当然，在一个大型的、分散的组织中推动创新是一种挑战。因此，联合国儿童基金会的许多人将创新和技术混为一谈，无意中造成对低技术解决方案投资不足的问题，而这些看起来技术含量偏低的解决方案，事实上可以创造巨大的价值。在 2020 年年初，联合国儿童基金会宣布了一项修订后的创新战略，打算将重点放在数字创新、实物产品创新、融资创新和项目创新上，从而推进一些确定的社会目标，比如提供清洁的水资源和教育。还有一种对于创新的偏见是，如果不是你自己想出来的，就不是创新。这导致的结果是，人们可能会倾向于成为第 23 个做"大事"的国家，而不是第一个做小事（比如，进行微小创新）的国家。为了应对这种偏见所造成的挑战，作为其 2020 年战略的一部分，联合国儿童基金会宣布了一个目标，即"80% 的创新工作来自扩大和传播想法，20% 来自构思和塑造想法"。联合国儿童基金会还分享了一个"创新雄心矩阵"，用来对创新的努力进行分类和管理，而且进一步阐释了用来"审查和优先考虑"创新活动的标准[⊖]。

这些系统和结构上的迭代有助于推动联合国儿童基金会为创新付出努力，这些努力已经为儿童和地区创造出巨大的价值。正如全球创新中心 2019 年年度报告所指出的："GIC 采用需求驱动、HR 专家中心（centre-of-excellence，COE）的模式，帮助 85 个国家识别、采用和调整创新解决方案。迄今为止，这些新技术和新方法已经影响了这 85 个国家中 1.15 亿人的生活，包括 1800 万年轻人、一线工人和妇女正在直接使用这些技术和方法，并为他们带来了新的就业机会，同时也为另外 9700 万儿童及其社区带来间接好处。"

| 案 例 研 究 |

星展银行的系统支持

第二章的配套案例研究介绍了星展银行如何与"战略阴影"做斗争并转变其文化。在第二部分接近尾声时，让我们回到星展银行的案例，进一步探讨它在这场斗争中所采取的彻底且完整的方式。确实，星展银行拥有响亮的口号和高效的 BEANs，同时也采用了以下方式来支持这些努力。

⊖ 这套具体标准被称为"3SMI"。3S 指的是可解决的（solutionable，解决问题，不造成伤害）、可持续的（sustainable，有生命周期，可升级）和可扩展的（scalable，易于使用和理解）。MI 是指可衡量的（measurable，定义了里程碑和目标）和包容的（inclusive，包含多个利益相关者）。

改变办公区域的设计

保罗在 2013 年接管了这个项目。他承认，他完全低估了空间在推动变革方面的力量。如果你仔细想想就会发现，你的行为在很大程度上受到你周围空间的影响。例如，你的行为在图书馆和超市是完全不同的。因此，星展银行开始把空间设计作为鼓励跨团队合作的有力工具。星展银行以前的办公室设计基于一个长期的理念：人们喜欢有自己的办公桌，因为这给他们一种归属感。但它对新空间的假设是：创造一种归属感，使人们感觉到自己是社区的一部分，而不是将归属感放在一件家具上。一个真正的社区会让人与人之间产生更多的合作。因此，星展银行设计了一种新的工作环境，由此产生的空间被称为"欢乐空间"[⊖]（Joy Space），这也传达了星展银行的愿景——让银行业务充满欢乐。这个空间是开放式的，没有固定的座位，并根据工作类型划分了从"图书馆"到"酒吧"的区域。团队成员开始邀请同事甚至家人来参观这个新空间。但最重要的是，星展银行看到了团队间更好的合作。其他部门开始要求类似的设计，所以星展银行开始在整个公司推广这个方案。

改变业绩指标

星展银行通过平衡计分卡来确定公司的发展方向。从历史上看，这个计分卡分为两个部分：传统的财务、客户和员工的产出衡量标准，以及一

⊖ "欢乐空间"是你可以借鉴的 BEAN，详见附录"装有 101 颗创新豆（BEANs）的口袋"。

系列特定年份的最重要举措。几年前，星展银行引入了第三部分，这部分设定了与"28 000人的创业愿望"相一致的变革性目标。比如：有一年，它的目标是运行150个客户旅程项目；另一年，它的目标是围绕数字化转型，从中获取实际经济价值；还有一年设立的目标专注于根据数据做决策，这些数据来自精心设计的试验。这些目标在公司内层层传递，被严肃地对待。

改变限制性规定

星展银行已经认识到，放宽规定可以成为向整个公司发出信号、鼓励放权的有力手段。例如，当它在海德拉巴开设新的技术和创新中心时，它的着装规定是"你可以穿任何你想穿的衣服，只要它不会让你的父母感到尴尬。"这个规定的言外之意是"我们有规定，但是由你决定"。星展银行分析了内部采购，了解到大多数是小数额的采购，于是受奈飞著名的"自由与责任"文化（2009年在互联网上流传）的启发，星展银行取消了对费用的预先批准要求。

它还开发了一种新的方法，以根除那些在历史上某一时刻可能有意义但当下已失去作用的程序和规定。星展银行成立了一个特别委员会，以一个自嘲的新加坡俚语"kiasu"命名，你可以理解为"由于害怕错过而表现得自私自利"。法律和合规部门的负责人主持Kiasu委员会的工作，该委员会采取模拟法庭的形式，任何员工都可以"起诉"某个策略或流程的提出者，如果他们相信这些策略或流程妨碍了他们的工作[⊖]。"陪审团"由一些高级管理人员组成，也包括银行中一些最基层的人员，他们共同商讨是否应该做出改变，比如最早期的决定之一是取消"提出审批需要纸质签名"的规定。这一做法在公司中引起了相当大的反响，并使星展银行的员工相

⊖ 你可以在附录的"装有101颗创新豆（BEANs）的口袋"中找到星展银行"Kiasu委员会"的详细介绍。然而，一位Innosight团队成员（他是新加坡人）对这个名字表达了疑惑，他说"kiasu"更适合用于当政府在2020年年初宣布关于新冠疫情的消息时，新加坡人储备速食和卫生纸的这种情况——因为害怕而做出自私的行为。

信他们的问题会被听取和解决。

改变组织结构

天生有着"数字基因"的公司拥有的最大优势可能是，它们认识到技术就是业务。相比之下，许多传统公司将 IT 视为一种必要但基本上不受欢迎的成本。例如，1979 年《哈佛商业评论》的一篇文章建议建立一个"银行后台"来提高 IT 效率，同时让"真正的生意"专注于重要的事情——与客户互动以及赚钱。IT 部门要负责将大量变化的软件引入系统，并保持系统的稳定性。这种转变在渴望收入的一线业务领导和 IT 部门之间产生了紧张的关系。两者的关系中，一线业务领导掌握着钱包，优先考虑新的创收功能，而不是对稳定性的必要改进。

随着星展银行不断推进数字化转型，数字互动的急剧增加对传统模式提出了挑战。系统的稳定性、可扩展性和安全性是业务问题，需要业务部门和 IT 部门密切协作。毕竟，如果一个面向客户的系统出现了故障，就根本无法进行业务。很明显，数字化转型的领导者需要兼具商业头脑和技术知识，以便能够做出权衡和考虑优先次序。于是，星展银行开始将业务和技术团队融合在一起，创建了一种新的组织形态和运营模式。

在研究了 Spotify、ING 和谷歌等公司的运营方式后，星展银行确定了一种"平台运作模式"，将 600 多个应用程序及其相关团队合理地归入 33 个"平台"。这些分组是经过深思熟虑的，有些与业务功能相一致（如贷款），有些与支持功能相一致（如人力资源、财务），还有一些跨越公司范围

（如数据和支付）。星展银行为每个平台任命两位领导人：一名来自业务部门，一名来自IT部门。每个平台都有独立的预算、路线图和一系列目标，由联合平台领导人共享。这一变化对两个部门之间的关系产生了深远的影响。对于如何平衡新功能和改进稳定性，相关部门展开了积极的讨论。而且，常常出现在意外的IT问题之后的互相指责，完全消失了。

改变招聘方式

第三章我们介绍了一个配套案例，即星展银行如何使用BEANs来塑造其最近在海德拉巴中心的日常文化。当然，这种文化只有在合适的人的推动下才能创造价值。这就带来一个挑战：星展银行缺乏人才。因为星展银行在印度没有明显的品牌，而且更糟糕的是，最好的印度软件工程人才往往都选择了去谷歌、苹果或微软工作，这些公司都在海德拉巴设有中心。于是，在传统的招聘方式出现问题后，星展银行尝试了一些不同的方法。这时，星展银行已经对"黑客马拉松"所产生的作用有了一手经验，人们能够在有限的时间内聚集在一起，破解一个艰难的挑战。因此，星展银行设计了一个"黑客马拉松招聘"的流程。招聘团队利用线上渠道与印度各地大量潜在候选人联系。然后，报名的候选人参加一个编程测试。星展银行邀请最佳候选人参加在海德拉巴举行的48小时"黑客马拉松"比赛。在黑客马拉松中，参与者被分成几个小组，每个小组都有一名星展银行的软件工程师。从一系列的挑战中挑选出来的团队，将花48小时来开发一个产品原型。整个马拉松比赛的高潮是最后的路演会。展现出最高水平的工程能力，尤其是在时间极其紧张的条件下能组成一个有效团队的候选人，当场就获得了工作机会。第一次黑客马拉松吸引了约12 000名申请人，其中只有50名黑客被录用。星展银行多次实施这个计划，并根据具体需求进行调整。例如，它专门为女性候选人举办了一次"黑客马拉松招聘"，旨在解决技术行业性别不平衡的问题。

工具：僵尸特赦

你是否感觉到你没有足够的资源来推进有前景的想法？出现这种情况，有可能是因为你已经屈服于一种足以扼杀创新能量的恶性瘟疫：僵尸项目的瘟疫。假设你是诚实的，而且已经付出了大量努力，但项目似乎永远不会产生实质性影响，始终拖拖拉拉和徘徊不前，并不断从你的组织中汲取创新的能量。如果是这样，那么你需要进行一次"僵尸特赦"，即"杀死"项目但赦免人员，这可能成为你的不二选择。Innosight 团队的实地调查以及一些志同道合的学者的研究——最引人注目的是哥伦比亚大学的丽塔·G.麦格拉思（如果存在僵尸杀手证书的话，那么她完全称得上是一个合格的僵尸杀手）——共同提出了 6 个成功的关键因素：

1. **预先确定标准**。停止一个项目可能是非常情绪化的。在项目开始前制定并分享出一份标准且简洁的列表，可以帮助项目参与者尽可能理性地对待项目进展。这些标准将成为指导方针，而不是规则，因为最终的决定仍需要主观判断。

2. **让外人参与进来**。家长们可以证明，对自己参与整个过程的事情持否定态度或反对意见是多么困难⊖。一个没有参与其中的局外人，可以给这个过程带来不可或缺的公正性。

3. **将未来可重复使用的经验教训沉淀下来**。麦格拉思曾教导说，任何时候一个公司的创新都可能发生两件好事：成功地将一个想法商业化显然是一个好结果；然而，能在失败中学习一些新东西，为你未来的成功做好准备，也是一件好事。正如对"产品失败"的开创性研究所指出的，从失败中获得的知识，往往有助于实现随后的成功。因此，尽力获取知识，将使你在创新方面的投资回报最大化。

⊖　例如，斯科特总能证明他的四个孩子是世界上最可爱的孩子。旁观者可能会指出"快乐的哈利"的缺点，但在斯科特看来，外人是错的。

4. **庆祝成功**。对于任何时候的创新，未来是否成功都是未知的。因此，得知一个想法不可行本身就是一个成功的结果：只要这些经验是在合理的资源效用下获得的。前景理论[⊖]认为，在同等的收益和损失中，人们更愿意选择避免损失，而不是享受收益。基于该理论可推测，承担经过深思熟虑的风险可能会受到惩罚。因此，人们对承担风险的犹豫不决也就不足为奇了。

5. **广泛交流**。创新最自然地发生在那些"敢于尝试"的公司，这里要提到塔塔集团，它有一个庆祝失败的项目（详见第三章）。将聚光灯对准被清除的僵尸，自然会使人们更有安全感地向前拓展创新的界限[⊖]。毕竟，如果你不敢尝试，你怎么可能成功呢？

6. **提供结尾**。这个想法直接摘取自麦格拉思 2011 年《哈佛商业评论》的一篇精彩文章——"设计一个好失败"（*Failing by Design*），文中提到，"举行一个象征性的活动：守夜、戏剧演出、纪念活动，给人们一个终结。"如果没有结尾，很容易让人在某个地方复活"僵尸"。超级细胞公司为失败喝彩的 BEAN（见第七章）是一个非常合适的例子。

我们的经验是，通常情况下，一个公司创新组合中近 50% 的项目可以被杀死。找到并处理掉僵尸，将资源重新分配给你最有前景的项目，你将会看到你为创新付出的努力正在收获更大、更好、更快的结果。

⊖ 前景理论（prospect theory），人们在面对不确定性时决策的模型，修正了传统预期效用理论。——译者注

⊖ 关于"僵尸杀手"和"净化僵尸"这两个说法，Innosight 公司合作的一个组织更愿意谈论"将僵尸转化为天使"的问题。这听起来肯定比净化或杀死僵尸更好听！我们确实有目的地称这为"僵尸特赦"，以突出一个理念：从事这些所谓僵尸项目的人应该免受惩罚。

开始一场运动

想象一下这个场景。在一段不太清晰的视频里，一个似乎在举办音乐节的草坡上，你看不到乐队，但你可以听到音乐节拍。在这个草坡上站着一个男人。他开始无所顾忌地跳舞。他周围的人都只是被动地坐在草坡上。没过多久，有人站了起来，加入了他，一起跳舞。这个人是第一个愿意勇敢地接受嘲笑的追随者，这个追随者把跳舞的人——一个"孤独的疯子"——变成了一个领导者。接着，第二个追随者也加入了。一小群人站起来了。这一群人吸引了更多人加入。势头正在慢慢形成。转眼间，已经有近百名热情的舞者，他们陶醉在集体的自发性中。"这是一场运动"，正如德里克·塞弗斯（Derek Sivers）在 2010 年的 TED 演讲中激情澎湃地讲述的那样。

在由数万名员工组成的组织中，文化的改变是不可能被强制执行的，一个自上而下的指令是不够的。组织的文化变革需要一场由"孤独的疯子"引发的运动。它需要追随者在行为赋能器、人工道具和助推器的支持下，通过适当的项目、系统和结构来推动，并彻底和仔细地加以引导。

本书的结语部分提供了从 NO-DET 中获得的交叉经验，最后以四位作者分别发出的寄语作为结束。

来自"那些正在做着非凡事情的平凡组织"的启发

星展银行、救世军东部地区组织、财捷集团、英国联合部队司令部、微软、宝洁、塞特利特音乐学校、新加坡电信集团和联合国儿童基金会是非常不同的组织。它们属于不同的部门，总部设在不同的地方，组织方式也有很大的不同。它们的文化变革努力集中在组织的不同层面，并以不同的速度发展。但是，尽管它们之间存在差异，却有 6 个明显的共同点。

第一课：创新可以发生在任何地方

还记得我们对创新的定义吗？能创造价值的与众不同的东西。选择"东西"一词是有意识地突出其模糊性，提醒我们创新可以发生在任何地方。星展银行、救世军东部地区组织和联合国儿童基金会在行动中清楚地表明了这一点。是的，星展银行已经推出了大胆的新产品，例如使其进入新市场的数字银行，创新也帮助其解决了日常问题，例如缩短 ATM 机的排队时间和用新的流程帮助丢失了卡片的客户。联合国儿童基金会和救世军东部地区的组织都具有分散性，而其分支与终端市场建立的密切联系，帮助两者推动了从"移动咖啡"的分发工具到灾害期间使用的通信工具等的改进。因此，请记住，无论你在哪里，无论你做什么，都有创新的空间。

第二课：创新无处不在

每个组织都至少拥有一些创新的地方。按照史蒂夫·布西在第一章配套案例中的比喻，每个组织都有一些形象的"创新大厨"，希望建立创新文化的组织应该效仿救世军东部地区的做法，问自己"什么是有效的？什么是可能的？我们如何做得更好？"，而不是"什么是错的？我们如何解决它？"提问的基础应是欣赏式探询[○]。欣赏式探询旨在通过关注积极的经验来鼓励变革。欣赏式探询的本质理念之一是：组织是需要"每个人去拥抱的神秘"，而不是"需要解决的问题"。研究表明，遵循欣赏式探询会使人们在迈向未知的未来时有更多的信心和舒适感，因为他们会继承过去的一部分。因此，请追随这束光，并想办法让它发出更亮的光芒。

第三课：大公司有其优势

对于想通过创新获得影响力的人来说，哪里是最好的归宿？大多数团体对于这个问题，给出的典型回答是创业公司。我们很容易为那些传奇企业家的故事着迷，他们努力奋斗，创造出改变世界的企业。但我们也很容易忘记，这些故事是罕见的"幸存者"。绝大多数创业公司都会失败，即使聪明、专注的人倾注了所有心血、付出了所有努力来建立企业，也不得不面对失败。那些正在做着非凡事情的平凡组织根本不是根基薄弱的创业公司。然而，这些所谓平凡的组织却表明，大公司有其优势。今天，企业家们基本上可以不花钱就开始创业，但这意味着这些企业可以立即被复制，从而使得成功变得很难。好消息是，大公司的创新者可以获得与创业者相同的工具，他们可以将这些工具与来之不易的规模资产相结合，而这种结合产生的效果绝对是神奇的[○]。

第四课：文化变革需要时间

财捷集团的斯科特·库克说，财捷集团的变革已经进行了 10 年；微软的萨提亚·纳德拉说，文化变革永远不会终结。一个组织的文化是复杂的，

○ 欣赏式探询旨在协调组织变革。它的基础理念是：组织是一种具有社会结构的现象，唯一能够限制组织变革的就是人们的想象力。从本质上讲，人们根据自己梦想中的样子创建了组织，因此人们也同样可以通过创造性的过程改变它。——译者注

○ 这个论点来源于斯科特 2012 年《哈佛商业评论》的文章《新的企业车库》（*The New Corporate Garage*），其中介绍了尼克·穆西卡（来自第六章）和其他"企业催化剂"。

有目的地改变这种文化需要时间。虽然每一个文化变革的行动都有其独特的节奏，但考虑以下的步骤会对你有益：

1. 定义理想的文化。创造一个诱人的故事，并详细说明"未来文化"的具体行为。

2. 诊断关键的阻碍因素。锁定那些为"战略阴影"提供动力并阻碍成功的系统、行为和规范。

3. 实施 BEANs。通过深思熟虑的行为赋能器、人工道具和助推器来推动习惯的改变。

4. 加强支持系统。在正式的系统（如关键绩效指标、预算）和关键流程（如重新招聘、培训）中强化期望的行为。

5. 树立理想行为的榜样。让领导以身作则，特别是在项目评审会议等非常引人注目的场合下。

6. 跟踪和衡量进展。使用数据，朝着理想的未来文化状态迭代。

改变文化是艰难的。如果没有塑造日常行为、改变不良环境、庆祝成功的故事、小心翼翼地处理过程中的失败等艰苦的工作，那些聪明的运动或简短的口号就不会产生真正的影响。

第五课：使用特定语言

语言的明确性是推动变革过程中经常被跳过的一个步骤。这是一个问题，因为缺乏共同语言会扼杀意图良好的变革尝试。人们认为，由于他们选择了一种默认的会议语言，因此无论是英语、德语、法语，还是一种特定的地区方言，他们都能理解对方。但是在通常情况下，不同的人对所使用的特定词汇赋予不同的含义，这意味着人们最终会互相争论。例如，一个愤世嫉俗的人会认为"创新文化"这个短语本身就是商业流行语的无意义组合，将流行语串在一起，掩盖一个真正的事实：说话者只想听起来很聪明，实际上却没有任何东西可以提供给倾听者。而这种看法是有一定道理的。如果你不相信我们，下次你在会议上听到有人说"创新文化"时，请暂停会议，请大家拿出纸和笔，自己单独写下"文化"和"创新"两个词的含义。我们愿意用这本书的价格打赌，即使是非常小的团队，在紧密合作的情况下也会有实质性偏差。这两个词被频繁使用，但很少有明确的定义；而当它们结合在一起时，问题就更复杂了。这跟你是使用本书中的定义，还是从其他地方得到的定义没有关系。重要的是，要确保你和你的团队使用同样的词，并且在说这些词时想的是同一件事。尽量变得更加具体。这里我们提供一个方法来测试思维的规范性和清晰性。想象一下，如果你将宣布文化变革议程，那么你将如何回答下面的问题：

1. 为了做什么？哪些具体行为将成为未来文化的特征？

2. 为什么我们还没有做到这一点？有什么障碍需要被解决掉，而我们还没有解决？

3. 由谁来做？有哪些具体的资源将推动文化的变革？

4. 我们要怎么做呢？我们的文化变革计划是什么？它背后有哪些时间和额外的资源？

如果你的领导团队对这些问题有不同的回答，请继续努力，直到你得到一个清晰且一致的回答。然后考虑一个简单的口号，以体现团队努力的本质。你能想出（或"偷窃"）像"28 000人的创业公司""消费者是老板"或"学习一切"这样令人难忘的口号吗？

第六课：领导者需要带领大家，但要小心谨慎

高管头衔经常出现在我们的故事中，这绝非偶然。持之以恒地推进和扩展文化变革需要高层领导者的积极参与。例如，宝洁公司的"消费者就是老板"运动，如果没有CEO A. G. 拉弗利的演说和现场示范，就很可能会失败。如果没有斯科特·库克深思熟虑的干预，财捷集团的设计思维运动也会失败。如果没有海伦·伊顿的领导，塞特利特音乐学校也不会大胆地接受用音乐教育来消除贫困的想法。当然，文化变革也可能是本地化的。一个团队、小组或部门，如新加坡电信集团的人力资源部门，可以建立自

己可识别的文化，这与整个组织文化有很大的不同。尽管如此，变革地点的领导者需要愿意投入时间和精力来推动文化变革。

开始一场运动：我们的寄语

虽然我们用"我们"来写这部作品，但四位作者显然是不同的个体，对一些问题有各自的看法。因此，在本书的结尾，"我们"将让位给"我"，每位作者都对如何推动文化变革运动提出了自己的想法⊖。

斯科特的寄语

本书的写作始于 2019 年我们与《哈佛商业评论》所做的一个名为"思想实验室"（IdeaLab）的实验。正如其名称所暗示的，我们的目的是为一个想法创造一个实验室。一段时间以来，我们一直在思考如何有目的地塑造一种创新文化，而"思想实验室"提供了一个机会，开放了一个精心运营的社区，对本书的初版给予反馈和修改意见。因此，我认为在这里，再看一下我于 2019 年 3 月 28 日发在"思想实验室"上的行动呼吁帖是很合适的，该帖子如下（有轻微改动和附加脚注）。

* * *

让"快乐的哈利"回来！

⊖ 如果你仍然和我们在一起，请再坚持看一眼附录，那里有更多的好东西！

一切美好的事物都必然会迎来一个结尾。这是我代表包括 Innosight 同事拉胡尔·奈尔（Rahul Nair）[⊖]、凯西·奥洛夫松（Cathy Olofson）、娜塔莉·潘绍，安迪·帕克，埃利奥特·谭（Elliot Tan）[⊜]，TY·唐（TY Tang）和星展银行的朋友保罗·科班在内的团队，面向"思想实验室"的最后一篇文章。

这是一段有趣的旅程。我们在"思想实验室"上创建了一个名为"明信片"的文件，以此作为纪念品[⊜]。文件里包括从我们的创新文化工具包中摘取的几张 PPT 和一个包含我们每个帖子链接的页面。你可以随意使用这些资料，并尽情分享。

早在 2019 年 2 月中旬[⊗]，我就记录了我的"快乐的哈利"的故事，他怎么在新加坡创造性地表达了自我之后，被公寓管理协会"打手板心"。哈利是我四个孩子中的一个。我们的大儿子查理今年 13 岁，本周将代表新加坡市参加一个大型地区性棒球锦标赛（同时他爸爸是一位棒球助理教练）。霍莉今年 11 岁，目前正在做一个期末研究项目，研究电子游戏如何影响大脑（当我 11 岁的时候，我的大脑被电子游戏影响了，但我没有问任何问题）。"快乐的哈利"7 岁了，坦诚来讲，他偶尔会发牢骚，但他也对他所做的每件事充满极强的好奇心和创造力。我们两岁的小泰迪·贾斯提斯就像一条不停地冒着可爱泡泡的小溪。

看着我的孩子们长大的同时，我在为全球的大型组织提供咨询，提供如何面对破坏性困境的建议，这两种平行的经历使我内心的一个想法具象化，并变成一种信念：世界上最大的未被开发的能源不在风里、水里或太阳里，它在既定的组织内部。这些组织，无论是公司、政府，还是医院、学校，都是由一些人组成的，这些人和所有人一样，在进入这个世界的时

⊖ 我们想念你，拉胡尔！

⊜ 我们想念你，埃利奥特！

⊜ 这些明信片可在 https://innosight.app.box.com/v/COIPostcards 上查阅。

⊗ 这是本书的第二章。也许你，我们的读者朋友，在二月份读过这本书？

候自然而然地具有好奇心和创造力。随着年龄增长，这种好奇心和创造力已经被钝化和限制，但它们就在那里。而各个组织对于创新潜力的发掘和利用，才刚刚起步。

作为一个父亲，我的工作是确保我的孩子们永远不会失去对学习的热爱。作为一个组织的咨询顾问，我的工作是帮助组织重新租赁、利用和放大潜在的能量。想象一下，在这个世界上，好奇的查理、充满希望的霍莉、快乐的哈利和善于思考的泰迪都能挣脱他们的桎梏；想象一下，在这样一个世界里，你的员工每天都会出现在一个环境中，感觉到自己正在做的事情比想象得多；想象一下，他们带着春天一样轻盈的脚步回家，感觉自己拥有了两全其美的生活——在工作和家庭中，都感受到幸福。⊖他们拥有了新的能量和能力，把所在组织经过数十年甚至是几个世纪建立起来的独特资产与创业的能量融合在一起，这种能量将使世界各地的潜在创新者们充满勇气和信心，这样他们就可以对身边的问题产生巨大影响。这样的世界将与当下的世界完全不同，它将变得更好，而且它就在我们的掌握之中。

祝你们每个人都拥有好运，在自己奋斗的同时也帮助与你们有关的组织发展创新文化，使推动创新成功的行为自然而然地出现。

* * *

保罗的寄语

星展银行成功转型的原因有很多，其中最重要的是 CEO 和执行团队的持续领导和支持，以及一支热情的员工队伍。然而，正是那些持续的计划性和包容性方法，使星展银行脱颖而出。尽管人们普遍认为银行家不会成为好的创新者，但我们很早就决定让所有人都参与进来，因为如果我们要实现我们的雄心，就需要每一个人都成为创新者。我们确实成立了一个小型创新团队，但是，正如你所看到的，我们给这个团队的指示是"不要自

⊖ 我们拭目以待，在后疫情时代，回家会成为实在的物理行为还是虚拟行为。

己创新"。这个团队的作用过去是现在仍然是教导公司其他部门创新，未来它将继续这个使命。在过去的 10 年里，我们执行了一系列创新计划，每一次都是在前一次成功的基础上进行的。我们收获的关键经验是，通过降低参与的门槛，使员工信心大增，他们大规模地交付了成果。正如史蒂夫·乔布斯所说："只有当你回头看时，才能把你生命中的这些点连接成线，发现它们彼此之间的意义。"通过反思，我们了解到，我们一直在无意识地对抗那些最顽固的文化障碍，制定出消除障碍的对策——我们后来称为"BEANs"的干预措施。这些对策正在推动行为的转变，使我们稳步地走向创新文化。在同事们合作的过程中，我们意识到 BEANs 有助于将看起来巨大的挑战"缩小"为微小的转变。通过精心的思考和安排将 BEANs 引入我们的工作方式，从根本上改变了我们的创新方法，甚至产生了更深远的影响。

当你决定开始自己的转型之旅，请记住，除非你的员工的行为发生变化，否则一切都不会改变。仅仅依靠演讲、知识和逻辑论证是不够的，虽然我们看到许多公司抱有不切实际的期望：想要仅仅依靠领导层的言辞来激励员工采取行动。我鼓励你尝试本书中的观点，在你的员工中建立起对创新的信心，并逐步转变为新的行为方式，在整个公司中释放创新的可能性。大多数人都同意彼得·德鲁克的观点，即企业文化会让战略失效，但很少有公司能弄清楚如何系统地改变一种文化。本书提出了一个强有力的、经过验证的方法。只要加上韧性、适应性和热情，你也能成功。

娜塔莉的寄语

我很荣幸既能为客户提供建议 [客户包括保罗在星展银行团队的郭帕齐（Patsy Quek）]，又能在 Innosight 负责文化倡议的执行部分 [在首席人才官卡迪·奥格雷迪（Kady O'Grady）的坚定支持和对新想法的开放态度下]。我的双重角色使得我对"文化转变"的工作之多和转变之难有很深的感触。每天，我都会被同事和客户产生如此之多的灵感和想法所打动。尽管如此，他们也确实非常谨慎地保留了所有的灵感和想法。这就需要创新和引导，设定目标，并识别什么是障碍，无论是真实存在的还是人们主观想象的障碍，然后将计划付诸行动。我很高兴人们能够选择开始改变，在他们自己、他们的团队和他们的组织中释放创新的潜能。我敢打赌，你的功劳比你给自己的功劳要大得多。这是我的同事安妮·加罗法洛（Annie Garofalo）和我在记录救世军东部地区和创新工厂的创新故事时发现的情况，对于大多数人都是如此。

因此，我的建议是总结你所做的事情，给自己点赞。从本书中的实用建议开始，无论是 BEAN 脑暴会议还是更小的事情。让自己沉浸其中，让别人和你一起，尽情地玩吧！这是一项重要且令人享受的工作，它将对你和你的同事们如何共度每一天产生积极的影响。据估计，我们一生中要花9 万个小时在工作上，那么为什么不充分利用这些时间呢？

安迪的寄语

在我的职业生涯中，我很幸运地在除南极洲以外的各个大洲，都工作了很长时间。我也为各行各业各地的客户提供服务。这给我带来的人际关系以及对不同组织及其文化的体验，成为我职业精神的巨大能量源泉。为本书撰稿，促使我思考创新文化的真正含义，并反思我所经历的不同组织文化。最重要的是，我意识到本书中概述的行为是普遍适用的——跨越地域、行业和组织类型。我看到，本书所描述的方法确实能够使高绩效团队在世界各个角落，包括我现在称为家的角落——新加坡，取得更好的成果。我对本书的主要贡献是总结了斯科特和我为新加坡电信集团所做的咨询工作。这些咨询工作帮助我了解到，创新文化不是我们用来描述自己、部门或组织的言辞，而是我们每天做事的方式以及我们选择这样做的原因。

创造出一种创新文化，并不一定要有雄心壮志才能达成，这不是高深莫测的事情，而是非常实用的。我鼓励任何对改善组织创造价值的方式有热情的人，采取一种实际的方法，从消除文化障碍开始。如果你从这些障碍开始，那么你周围的人会更容易产生共识，而且，他们会感谢你消除了障碍。从确定你的团队或部门中最重要的两个或三个文化障碍开始，借鉴本书所描述的案例和工具，并使用 BEANs 设计实用的方法来消除它们。不要止步于此。确保你进一步利用本书中的工具来建立、测试和完善你的 BEANs。请记住，通过让你的同事参与进来，你将会吸引第一批追随者，他们将把你从一个"孤独的疯子"变成文化运动的领导者，使创造力成为你所在组织的日常习惯。一旦你有了一些成功经验，消除了一些障碍，就把你的注意力转移到鼓励会对你所在组织产生最大影响的具体行为的 BEANs 上，这将持续为你的文化运动提供动力。谁知道呢？有一天，你可能会成为文化变革故事中的英雄，别人会很乐意研究你的案例和为你的组织写书，就像我们在这里对保罗和星展银行所做的那样。祝所有"孤独的疯子"好运。但是，请记住，是第一批追随者创造了一场运动，而这是所有组织中的每个人都应该渴望承担的角色。

附录

———

本书附录提供了以下参考材料和工具：

- **"创新文化"书架**：让你学到更多关于建立创新文化的不可或缺
  的资源库。在创新文化中，推动创新成功的行为会自然而然地
  发生。

- **"文化变革"文献综述**：近年来有关文化变革的学术研究和作品
  综述。

- **创新文化诊断**：一个详尽的诊断，帮助你评估组织创新文化的
  发展程度。

- **组织对创新的投入程度**：一个快速的诊断方法，用来评估你所
  在的组织对创新的投入程度。

- **装有 101 颗创新豆（BEANs）的口袋**：101 个 BEANs 的简要描

述，包括本书前文的 42 个以及其他 59 个。

"创新文化" 书架

下面的书架中包含了与主题相关的作者最喜欢的文献。

创新

彼得·德鲁克的《创新与企业家精神》（*Innovate and Entrepreneurship*，1985）：你永远可以在重读德鲁克的著作时收获惊喜，因为他远远超前于他所处的时代。

史蒂文·加里·布兰克（Steven Gary Blank）所著的《四步创业法》（*The Four Steps to the Epiphany*，2005）：虽然这本书不像埃里克·莱斯（Eric Ries）2011 年出版的《精益创业》（*The Lean Startup*）那样广为人知，但布兰克曾是莱斯的导师，也是将丽塔·G.麦格拉思、亨利·明茨伯格（Henry Mintzberg）等人的学术研究引入创业领域的第一人。

蒂姆·布朗（Tim Brown）的《IDEO，设计改变一切》（*Change by Design*，2009）：这本书概述了 IDEO 长期 CEO 提出的 "设计思维" 的相关原则和实践案例，非常实用。

亚历山大·奥斯特瓦德（Alexander Osterwalder）与伊夫·皮尼厄（Yves Pigneur）合著的《商业模式新生代》（*Business Model Generation*，2010）：这本书为 "商业模式" 提供了实用、可视化的指南，同时也是 Innosight 咨询公司马克·约翰逊（Mark Johnson）所著的《重塑商业模式》（*Reinvent Your Business Model*）（2018）的绝佳阅读伴侣。

克莱顿·克里斯坦森等人所著的《你要如何衡量你的人生》（*How Will You Measure Your Life*，2012）：显然，克里斯坦森所著的很多本书都可以列入这个清单，但这是最容易理解的一本指南，可以通向他最核心的一系列研究。

丽塔·G.麦格拉思的《转角处见》（*Seeing Around Covners*，2019）：麦格拉思的很多书和文章也可以列入这个清单。这是她最近的长篇作品，对她的其他研究进行了很好的概述。

行为改变

吉姆·洛尔（Jim Loehr）和**托尼·施瓦茨**（Tony Schwartz）合著的《精力管理》（*The Power of Full Engagement*，2003）：这本书的核心概念是专注于精力管理而不是时间管理，人们可以达到巅峰状态，事半功倍。

卡罗尔·德韦克（Carol Dweck）所著的《终身成长：重新定义成功的思维模式》（*Mindset: The New Psychology of Success*，2006）：德韦克对固定型思维与成长型思维的研究和论述，从组织设计到学校课程都产生了深远的影响。

理查德·H.塞勒（Richard H. Thaler）和**卡斯·R.桑斯坦**（Cass R. Sunstein）合著的《助推》（*Nudge*，2007）：这本书学术性极强，同时也对现实产生了深远影响，比如这本书为英国政府成立"助推小组"（官方名称为行为洞察小组）提供了指导。

奇普·希思和丹·希思（Chip and Dan Heath）的《瞬变》（*Switch*，2010）：与希思兄弟的所有书籍一样，这本书非常易于理解，为改变行为提供了实用指南。

丹尼尔·卡尼曼（Daniel Kahneman）的《思考，快与慢》（*Thinking,*

Fast and Slow，2011）：这本书被很多人视为行为心理学奠基人丹尼尔·卡尼曼的开创性作品。

文化

埃德加·H. 沙因（Edgar H. Schein）的《组织文化与领导》（*Organizational Culture and Leadership*，1985 年首次出版）：沙因的研究，尤其是将"文化"细化分解为人工道具、拥护的价值观和共同的假设，为两代人奠定了企业文化这一领域的基础。

罗杰·康纳斯（Roger Connors）和汤姆·史密斯（Tom Smith）合著的《改变文化，改变游戏规则》（*Change the Culture, Change the Game*，2011）：本书介绍了组织如何通过促进各层级的问责制，以及考量经验、信仰、行动和结果之间的关系，建立并维持一种新的文化。

琳达·A. 希尔（Linda A. Hill）、埃米莉·特鲁拉夫（Emily Truelove）、肯特·莱恩巴克（Kent Lineback）、格莱格·布兰顿（Greg Brandeau）合著的《集体的天才：引领创新的艺术和实践》（*Collectire Genius*，2014）：这本书详细介绍了"创造性磨合"（creative abrasion）是如何释放创新的。

埃德·卡特姆（Ed Catmull）和艾米·华莱士（Amy Wallace）合著的《创新公司：皮克斯的启示》（*Creativity, Inc.*，2014）：本书讲述了皮克斯的故事，很有说服力，是建立能够激发创造力的企业文化的实用指南。

艾米·埃德蒙森（Amy Edmondson）的《无畏的组织》（*The Fearless Organization*，2018）。这本书展示了心理安全如何激发冒险、鼓励创新。

组织能力

W. 爱德华兹·戴明（W. Edwards Deming）所著的《转危为安》（*Out of the Crisis*，1982）：这本经典著作构建了"质量管理"的理论体系，对敏捷开发、精益创业等产生了深远影响。

约翰·舒克（John Shook）所著的《学习型管理：培养领导团队的A3管理方法》（*Managing to Learn：Using the A3 Management Process to Solve Problems*，2008）：这本书深入探讨了"A3管理方法"，该方法也成为精益管理的支柱之一。保罗评论这本书"了不起"。

斯科特·D.安东尼（Scott D. Anthony）和大卫·S.邓肯（David S. Duncan）合著的《建立增长工厂》（*Building a Growth Factory*，2012）：这是Innosight公司领导团队成员所写的11本书中最短的一本，而且我们甚至敢说这是最枯燥的一本。但在我们看来，这本书对如何系统地思考创新提供了一个清晰有力的概述。

罗伯特·萨顿（Robert Sutton）和哈吉·拉奥（Huggy Rao）合著的《走向卓越》（*Scaling Up Excellence*，2014）：这是一本有用的、有科学依据的指南，介绍了如何在企业中扩展和传播好的想法。

约翰·杜尔（John Doerr）所著的《这就是OKR》（*Measuring What Matters*，2018）：这是一本通俗易懂的指南，介绍了英特尔CEO在《格鲁夫给经理人的第一课》（*High Output Management*）的经典著作中提出的观点，其中最值得一提的是OKR（目标和关键结果）的影响力。

"文化变革"文献综述

寻求文化变革的领导者总能接触到各种咨询观点和建议。下面的词云（形状是一只蝴蝶，表示"变革"）是由Innosight团队分析了22篇关于文化变革的文章后得到的。这些文章于2014年至2019年期间发表在《哈佛商业评论》（*Harvard Business Review*）、《斯隆管理评论》（*Sloan Management Review*）和《麦肯锡季刊》（*Mckinsey Quarterly*）上，以及出现在设计咨询公司IDEO的文献中。其中10篇文章的标题中含有"创新"一词的变体，同时有10个主题出现在多篇文章中，并成为推动文化变革的原则。

文化变革文献综述的词云

1. 让战略与文化相一致：公司往往会出现的一个普遍状况，即其战略
   与文化中根深蒂固的做法和态度不一致。但是，战略的有效性取决
   于文化与之的一致性，领导者必须将他们所期望的文化与他们的战
   略和商业目标明确联系起来。

2. 有效沟通：领导者必须确保目标文化在整个组织内得到明确的阐述
   和沟通。有效的沟通也与员工所面临的挑战相关，并能帮助员工更
   好地理解和联想到变革的必要性。

3. 确保获得领导层的认同：文化变革需要高层领导的大力支持。除非
   有来自公司高层领导的声音和一致的支持，否则职业经理人往往会
   默认选择做更容易的事情，也就是继续做他们目前正在做的事情，
   而不是拥抱变化。

4. 以客户为中心：领导者应该坚持以客户为中心，把客户的观点放在
   他们最重要的考虑因素内。从一开始就应该了解客户的需求，并不
   断地寻求他们的反馈。

5. 重视团队合作和开放性：当今的问题太复杂了，不可能由一个孤立
   的天才来解决，需要能够合作、倾听和建立强大网络的人。不必要

地限制团队中人的背景、经验和观点，就压缩了解决方案的空间，并有可能形成"回音室"（echo chamber），使固有的偏见变得常态化，并得到加强。不加掩饰的坦诚可以确保想法的发展和改进。人们如果不敢批评，不敢公开挑战上级的观点，不敢与他人辩论，不敢提出相反的观点，那么变革就会被压垮。

6. 鼓励试验：在一个厌恶风险、惩罚失败的环境中，文化变革是艰难的。允许小型试验，让人们快速和低成本地失败并分享他们的学习成果，有助于加速变革。

7. 给予人们自主权：虽然领导者可以为员工设定广泛的方向，但他们必须提供自主权，使组织中更基层、更深度理解问题的人能够根据具体的情况将文化变革本地化。

8. 言行一致：领导者应该确保他们在行为上树立了希望组织效仿的榜样，即以身作则。尤其是，领导者应该表现出探究精神和好奇心，接受新的想法，而要避免表现出对变革的不重视。

9. 庆祝快速的胜利：消除批评的最简单方法是展示成功。快速的胜利为更广泛的变革提供了动力。

10. 衡量和监测：文化在一开始可能很短暂。找到衡量和监测变化的方法，有助于员工了解他们的贡献是如何被评估、发展或部署的，这也将推动所有层面的问责制的执行。

创新文化诊断

你的"快乐的哈利"们是否害怕表达自己？他们是否已经突破了个人的桎梏，但缺乏成功的技能，无法充分创新？或者，在创造一种让创新行为自然而然发生的文化的过程中，是否还有其他障碍？创新文化诊断法通过以下五个方面（或称五种能量电池）来帮助你回答这些问题。

1. 感知程度

"感知电池"有 12 个项目：

1. 我对"如何创新"感到有信心。

2. 我们的领导经常"像创新者那样行事"。

3. 我相信，我们的组织在做出战略决策时，真正把客户放在第一位。

4. 我们总是发表自己的观点。

5. 我们有权做出决定。

6. 我觉得团队对其行动有自主权。

7. 我们组织的决策是以数据为指导的。

8. 我们的组织使我们可以"安全"地承受经过深思熟虑的风险，即使我们可能会失败。

9. 我有信心，我为之努力的想法会向前推进，并有益于组织。

10. 在这个组织中，我感到精力充沛和兴奋。

11. 当我想到创新时，我就会感到振奋和兴奋。

12. 我可以在我必须完成的工作中进行创新。

对于上述问题，受访者有 7 种答案可以选择：

- 完全不同意（1 分）

- 大部分不同意（2 分）

- 有点不同意（3 分）

- 中立（4 分）

- 有点同意（5 分）

- 大部分同意（6 分）

- 完全同意（7 分）

这一部分的总分从 12 到 84 不等。

2. 熟练程度

这部分询问受访者在多大程度上掌握以下 14 种有助于推动创新成功的具体技能：

1. 人种学研究（花时间在现场，以形成对客户和利益相关者丰富、细微的理解的过程）。

2. 构思（激发出创新的想法来解决已确定的问题）。

3. 用户体验设计（用一种可以帮助潜在客户使用产品或服务的方式来设计产品和服务）。

4. 商业和技术侦查（在一些趋势成为主流之前，从外部寻找潜在的有趣公司或新兴技术）。

5. 商业模式设计（开发新方法推动有竞争力的产品，从而实现规模交付，获取溢价）。

6. 创业融资 [有能力利用各种机制，如埃里克·莱斯提出的"创新核算"（innovation accounting）理念或丽塔·G.麦格拉思提出的"反向收益表"（reverse income statements）概念，以获得对早期阶段想法的财务洞察，而不是迷失在过于繁复而且肯定不正确的财务预测中]。

7. 假设识别（能够清楚区分开两者：一是对于一个想法，你真正掌握的少部分认知，二是你对其大量明确但隐含的假设）。

8. 数据分析（设计、落地和解释数据分析结果，为战略决策提供支持信息）。

9. 原型设计（为一个想法创造一个"相对好"的版本，可能是一个产品的物理原型，或模拟的数字服务，或一个商业模式的测试市场）。

10. 设计和落地试验（设计和落地有效的试验，从而了解关键的假设）。

11. 总结并从试验中学习（将试验结果与最初的假设进行比较，确定是继续探索、改变方向，还是停止努力）。

12. 提出想法（总结并分享创新的想法，从而迅速抓住其本质，并鼓励行动）。

13. 启动想法（从试验、原型设计到落地实施）。

14. 扩展想法（创造一个强大的、可重复的想法，提供可持续的价值）。

关于这些技能的更多信息，请参阅《第一英里》《精益创业》《发现驱动的增长》（*Discovery-Driven Growth*）和《创新者的基因》。

在上述问题中，受访者有 4 个答案可供选择：

- 不知道这种技能（0 分）
- 能够描述该技能是什么（3 分）
- 可以自己做（4.5 分）
- 可以教别人做（5 分）

这一部分的总分从 0 到 70 不等。

3. 实践

本部分询问受访者最近一次参与以下 12 项具体创新实践的情况。

1. 花时间与客户进行（外部或内部）沟通，没有任何目的，以便更好地了解"是什么让他们这样成功"。

2. 参加外部贸易展览或会议。

3. 参观一家初创企业。

4. 让供应商、客户或合作伙伴分享一个他们的创新想法。

5. 与同事分享关于新产品、服务或流程 / 内部改进的粗略想法。

6. 与他们组织中的某个人谈起他们有趣的习惯或背景。

7. 在一个跨职能的项目组中与跟自己职能、部门或地域不同的同事一起工作。

8. 使用过竞争对手推出的创新产品或服务。

9. 在工作中做过试验。

10. 因在工作中冒险而受到过表扬。

11. 通过阅读书籍、观看电影／视频或听播客，来了解更多关于创新的信息。

12. 拥有设计或推出新产品、服务或流程改进的亲身经历。

受访者有 4 个答案可选择：

- 从来没有（0 分）。

- 在我以前某个时刻（3 分）。

- 在过去一年内（4 分）。

- 最近一个月内（5 分）。

这一部分的总分从 0 到 60 不等。

4. 赋能器

这一部分询问受访者的工作经验，衡量是否存在以下 15 个具体的促进创新的因素：

1. 我对我所在组织的愿景有清晰的认知。

2. 我知道我的角色如何帮助组织实现愿景。

3. 我清楚地了解我的工作如何影响业务、职能和客户。

4. 我们对所在组织中的"创新"含义建立了一致的认知。

5. 我的组织拥有正式的组织架构，或者成立了专门的小组来帮助确定新的想法和开发解决方案。

6. 我清楚地了解为什么创新想法会被领导接受或拒绝。

7. 我可以获得创新所需的资源。

8. 我有足够的时间和空间来进行创新。

9. 对我进行评估的方式（例如关键绩效指标）能够支持我想要创建的

愿景和文化。

10. 我可以很容易地获得有助于试验和创新的工具。

11. 我们有很好的工具来评估不确定的想法的价值，并做出决定。

12. 我们建立了正式的机制，帮助从失败中总结教训。

13. 我知道从哪里去寻求支持和辅导，来帮助开展与创新有关的活动。

14. 我对组织中的汇报结构有清楚的了解。

15. 我们的办公空间和环境有利于合作。

可选答案与感知程度的部分相同。本部分的总分从 15 到 105 不等。

5. 创新表现

这一部分提出了 5 个问题，以了解组织在创新上的投入及所创造的价值。

1. 在通过创新推动增长方面，我们比同行做得更好。

2. 在通过创新推动增长方面，我们是全球的领导者（跨行业）。

3. 我们对市场变化的反应比我们的同行快。

4. 我们在创新上的投入正在产生有意义的商业成果。

5. 我们在推动转型方面走在了同行的前面。

可选答案与感知程度的部分相同。本部分的总分从 5 到 25 不等。

计算创新文化得分

我们的创新文化得分对感知程度、熟练程度、实践和赋能器给予同等权重。创新表现不是得分的一部分。为了计算得分，我们将每一部分得分除以该部分最高分，然后乘以 25，见下表的计算示例。

	板块得分	板块最高分	最高分所占百分比	加权得分（满分 25 分）
感知程度	50	84	59.5%	14.9
熟练程度	35.5	70	50.7%	12.7
实践	49	60	81.7%	20.4
赋能器	48	105	45.7%	11.4

上表所示的情况，其得分是 59.4 分（满分 100 分）。

完整的调查还询问了有关个体的区域性、职业性等基本人口学问题。如果再加上自定义的选择，如所在部门或所处行政地域，就可以分析出创新文化的得分在整个组织中显现出的差异性。

完整版调查问卷可在本书的配套网站（www.eatsleepinnovate.com）上找到。你可以尝试填写并看到自己的得分，或发给你的同事。如果你能让 10 个或更多的人参加调查（并且你通过联系我们让我们知道），我们将寄给你一份定制的报告，测试出你组织的得分情况。

创新文化诊断仍然是一个新兴的工具，不是严谨的学术研究的结果。因此，当调查是组织自发管理和进行的，那么其结果应被视为方向性和说明性的。

组织对创新的投入程度

创新文化诊断是一个需要被重视的工具，而创新——创造价值且与众不同的东西——需要获得严肃的承诺和对待。但是，许多自认为严肃认真地致力于创新的领导者，实际上仅仅停留在"调情"，而没有付诸严肃的行动。虽然这种状态没有错，但是领导者需要认识到，如果不做出更严肃的承诺和行动，他们就不可能获得显著的回报。

不幸的是，由于人们经常将创新和创造性想法或创意混为一谈，所以许多公司大大高估了它们对创新的承诺，这也导致了当创造性想法不能转化为影响力时的失望。下面这个简短的测验受到快报杂志上充斥着的、过于夸张的测验的启发，可以作为评估你所在组织对创新的承诺水平的一个简单工具。

	调情	产生兴趣	给出承诺
谁在致力于创新？	什么是创新？（如果这是你的答案，那么你应该停止测验！）	有一些员工会把一定的时间花在创新上（比如周五的自由思考日）	我们有专门的资源来进行创新
创新的工作人员的背景是什么？	一些业绩表现最好的人	拥有成功创新历史的内部员工	一个由内部人才和外部雇员组成的混合团队，这些人都有可靠的履历
这群创新的人在做什么？	没什么特别的工作	所有的人都在一条船上，因组织提出的"成败攸关"的赌注绑在一起	我们进行了一系列的努力，从日常的改进到更战略层面的举措
进行创新的钱从哪里来？	我们的预算是基于业务优先级的，所以没有钱	我们没有创新的预算，但我们在需要钱的时候能找到钱	我们有专门的创新预算
这对组织有什么好处？	他们的日常就是忍受痛苦。如果他们搞砸了，他们会立刻感觉到	当他们成功创新时，会感受到荣耀，闪耀着光芒	财富——我们有专门用于创新项目的激励，员工能因创新而变富
领导者的职责是什么？	我们没有明确其职责范围	我们每季度专门举行一次会议，会上资深领导人会谈论创新	委员会或董事会有一个成员专门管创新
词汇联想："创新是……"	偶然的。我们只是希望能有最好的结局	有趣的！我们支持创新但并不对其加以限制	一门学科。我们以系统的方法进行创新

计分的方法是：你的答案在左边一栏则加 1 分，中间一栏加 3 分，右边一栏每个加 5 分。用你的总分找到你在下面范围上的位置。

- **低于 10 分**：你在"调情"，你还没有为创新付出实质严肃的行为。
- **10 ～ 25 分之间**：你已经对创新产生了兴趣，你准备好严肃起来了吗？
- **高于 26 分**：恭喜你，你已经对创新做出了"终生承诺"。

装有 101 颗创新豆（BEANs）的口袋

BEANs 是改变习惯、鼓励创新工作方式并推动持久和可扩展文化变革的行为赋能器、人工道具和助推器。这本书包括以下 42 个 BEANs 的详细记录。

组织和 BEAN 名称	描述
奥多比：启动盒子（第三章）	一个装有分步实验指南和一张预付 1 000 美元借记卡的实体盒子
爱彼迎：从第一天开始（第七章）	鼓励工程师在入职训练营的第一天就把自己的代码直接推送到网站上
亚马逊：空椅子（第六章）	留下空椅子的仪式，以时时刻刻提醒客户的重要性
亚马逊：未来新闻发布会（第三章）	站在客户的角度通过"未来的新闻发布会"来描述创新的想法
Asana：周三不开会（第八章）	每周有一天员工可以进行"深度工作"而不用开会
Atlassian：给活人尸检（第七章）	团队讨论哪些因素可能导致项目失败，从而帮助他们在问题发生之前进行预测，防患于未然
法国巴黎银行：创新书籍和奖项（第六章）	一场创新竞赛，将最好的创新想法和实践整理成一本书
勃林格殷格翰：午餐轮盘（第三章）	一个很好用的网站，可以和新朋友进行"午餐邀约"
桥水公司：透明的员工评级（第七章）	员工评级机制，公开每个员工的优势和劣势，并在虚拟"棒球卡"上分享评级
丹佛斯：月球上的人（第五章）	鼓励开拓思维的创新大赛
星展银行：文化画布（第三章的案例研究）	团队填写并签署带有业务目标、团队角色和规范的海报大小的"文化画布"的模板
星展银行：文化雷达（第七章）	一种可视化机制，跟踪与文化变革相关的试验
星展银行：甘道夫奖学金（第三章）	员工可以获得 1 000 新元（约 740 美元）来学习任何感兴趣的主题，只要他们将学到的知识教授给组织其他成员
星展银行：欢乐空间（第八章）	一个开放的工作空间，用来鼓励灵活的工作方式并激发协作
星展银行：Kiasu 委员会（第八章）	一个模拟法庭，任何员工可以在这里"起诉"某个政策或流程的负责人，只要他相信这项政策或流程不必要地阻碍了工作的完成
星展银行：MOJO（第二章的案例研究）	通过指定会议的主持人（"MO"）来为会议带来更大的纪律性和包容性，该主持人设定议程并确保参会人的积极参与；指定一个快乐的观察者（"JO"），当人们分心时，他会进行干预，并公开反馈给 MO
星展银行：70:20:10（第三章的案例研究）	从谷歌的一个类似项目中借鉴的框架，即建议开发人员将 70% 的时间用于日常工作，20% 用于工作改进想法，10% 用于试验和被偏爱的项目
星展银行：团队温度计（第三章的案例研究）	团队通过线上 app 用定量和定性的方式衡量项目团队的情绪
星展银行：捣蛋浣熊（第七章）	会议期间随机出现一张带着问题的演示幻灯片，以促使坦诚讨论
谷歌：官僚主义克星（第五章）	组织范围内的想法会议，为了激发和获取减少组织繁文缛节、官僚主义的想法

（续）

组织和 BEAN 名称	描述
谷歌：猴子优先（第七章）	一个鼓励员工首先将注意力集中在最困难问题上的口头禅和仪式
核心地带：无限的免费书籍（第五章）	一个任何人都可以免费获得任何书籍的一个程序
Innocent：直接开干（第七章）	如果他们对一个想法有 70% 的把握，就会被鼓励去积极测试新想法
Innosight：创造不同（第三章）	用漫画和年度奖项来倡导谦逊和协作等价值观，同时能得到一项旨在推动领导者角色塑造的定期调查的支持
Innosight：首个星期五（第三章）	组织每月举行的聚集仪式，经过精心设计和支持，以促进协作
财捷集团：创新催化剂（第八章）	受过创新培训的员工作为创新催化剂，在自己 10% 的时间里担任创新教练
领英：InDay（第八章）	员工每月可以为自己和自己最感兴趣的项目投入一天时间
大都会人寿：流明实验室的客户墙（第五章）	帮助员工更好地与客户建立联系的结构化方式
诺德斯特龙："是的，而且……"（第六章）	让批评以"是的，而且……"的形式出现
澳都斯：特写（第五章）	人们在商店中与客户关系团队一起度过一天的计划
皮克斯：智囊团（第六章）	一群多元化的思考者，他们对正在拍摄的电影给予坦诚的批评
皮克斯：支持"交叉点"的基础设施（第六章）	开放式的办公室设计，促进碰面的机会并激发创造力
皮克斯：做加法（第六章）	确保批评与建设性意见相平衡的做法
高通：我的痛点（第五章）	由个人分享有趣的文章或经验，从而激发创造力
高通：难倒谷歌（第五章）	设计一个在谷歌上搜索也没什么结果的新想法，来激发创造力
新加坡电信集团：女巫（第四章）	定期询问"这里的客户是谁？"的习惯。通过询问"他们关心什么？"和"结论是什么？"来加强"客户为中心"的理念
Spotify：赌注板（第八章）	一个集中的数据库，包含所有员工都可以访问的 Spotify 的所有创新赌注
超级细胞：为失败干杯（第七章）	用啤酒庆祝成功和用香槟庆祝失败的标准流程，公开分享故事
美味餐饮：商业大游戏（第八章）	每周一次的游戏，员工可以通过游戏了解更多关于业务运作的信息
塔塔集团：敢于尝试奖（第三章）	为虽失败了但学到有价值的东西的团队提供年度奖项和公众赞誉
丰田：A3 纸报告（第六章）	一种简洁的交流工具，基本信息全都记录在一个 A3 大小的页面上
丰田：安东绳（第八章）	员工在发现问题时有权停止生产的机制

Innosight 又整理了另外 59 个 BEANs：

组织和 BEAN 名称	描述
3M：不可扼杀新产品创意	一项管理政策：绝不立即拒绝员工提出的新想法
爱彼迎：大象、死鱼和呕吐物	用来促进坦诚的双向对话的关键词："大象"比喻的是没有人谈论的重要的事，"死鱼"比喻的是几年前发生但人们还无法克服的事，"呕吐物"代表的是人们需要从他们的系统中摆脱的问题
阿里巴巴集团：阿里通道	一个以奖励为基础的内部沟通平台，用于征求公司范围内关于想法的坦诚反馈
阿里巴巴集团：功夫昵称	给员工起个功夫昵称，从而更好地打破壁垒，鼓励合作①
亚马逊：辩论与承诺	在决策过程中鼓励充分辩论，但对做出的决定给予 100% 承诺
亚马逊：体系化的赞同	一项系统机制：在没有给出原因或修改建议时，不允许直接拒绝一个新想法
亚马逊：备忘录而非幻灯片	在会议期间发送备忘录进行预读而不是使用 PPT 以鼓励集中讨论的做法
亚马逊："？"电子邮件	CEO 杰夫·贝索斯以简单的"？"作为标题，将客户投诉转发给相关员工的过程，以期望在几个小时内得到回复
亚马逊："两个比萨"规则	保持团队的规模，从而鼓励协作和敏捷性
亚马逊：WOCAS 报告	一项自动化流程：从客服中心提取客户意见（"我们的客户在说什么？"）并与相关部门共享
苹果：周一是回顾日	一个惯例：在时间紧迫的产品开发周期中确保高效和精益的决策流程
Asana："抛光和润滑"周	员工每人花费一周时间来改善客户体验（抛光）和后端流程（润滑）的做法
Atlassian：创新周	为期一周的"黑客马拉松"，为一个明确限定的战略方向创建一项功能或一个原型
Atlassian：Shipit	一场专门的用来质疑现状并进行创新的 24 小时"黑客马拉松"
美国银行：基于数据的员工体验设计	一个程序：使用可穿戴设备收集行为数据并使用该数据创造更好的员工体验，例如利用公共午餐时间来促进知识共享
Conductrics：最好的情况，最坏的情况	通过阐明每个想法最好和最差的结果来加速决策
星展银行：3S 1R	提出想法的人需要同时提出三个建议（suggestion）和一个推荐（recommendation），鼓励发散思维和授权
印象笔记：对话框	每周一次的惯例：高级领导者会花一个小时与普通员工聊天
脸书：Face 周年日（Faceversary）	庆祝员工周年纪念日的年度仪式
谷歌：互动咖啡馆	鼓励互动和协作的一项基础设施

（续）

组织和 BEAN 名称	描述
谷歌：解决方案冲刺	专门解决一个特定问题的 24 小时冲刺
谷歌：Googlegeist	公司范围内的年度调查，收集对一系列话题的反馈
谷歌：GUTS	一种机制：员工使用谷歌统一的跟踪系统（GUTS）来提出问题，领导者优先考虑值得解决的问题
谷歌：谷歌"新人帽"	让新员工在第一次全公司会议上感到受欢迎和轻松的仪式，让他们戴上一顶有趣的帽子，上面写着"谷歌新人"，或"Noogler"
谷歌：Nooglers、Xooglers 和 Spooglers	用于指代员工及其家人的标准术语：Noogler 是新员工，Xoogler 是前员工，员工的配偶或重要其他人是 Spoogler
谷歌：OKR 分享	产品开发团队公开分享目标和关键结果，以建立一致性和问责制
谷歌：技术讲座	一系列关于不同主题的演讲，为团队注入思维的多样性和求知欲
谷歌："10 倍"思维	一个指导原则和惯例：鼓励人们思考，如果要想出比当前解决方案好 10 倍的方案还需要做什么
核心地带：JEDI，"努力做到"	一个表彰主人翁心态和积极行动的奖项
核心地带：无限免费用餐计划	一个完全赞助的免费午餐计划，以鼓励好奇心和合作
核心地带：SFTC，"为客户解决问题"	鼓励以客户为中心的口头禅和指导原则
IBM：创新站	一个大型在线平台：就各种主题征求意见和建议
IDEO：喝茶时间	一个惯例：在喝茶和吃点心的时间分享知识和交流想法
Jobvite：新人饼干	一个仪式：新员工在第一天带上饼干与同事分享，并鼓励互相介绍和沟通
强生：创意互动社区	鼓励员工自我发展、构思想法的社区和工具
卡夫：Foodii	用于进行市场研究、促进想法产生和测试新概念的在线员工社区
领英：公司全员	双周一次的全公司会议，以鼓励开放的沟通和协作
领英：空间提升	一年一度的职场装修比赛，鼓励幽默感和归属感
雀巢：反向指导	一个反向指导计划，用于在年轻人和高级管理人员之间交流见解和业务概念
OOG Rotterdam Eye Hospital：团队启动会议	每天的团队聚会，以鼓励开放的沟通和协作
OXO：手套墙	被弄丢的手套展示在墙上，用以表示触摸 OXO 产品的不同的手，以推动"以客户为中心"的原则
宝洁：英雄失败奖	表彰智慧的冒险和智慧的失败的颁奖典礼
皮克斯：有效的事后分析	以数据为依据的事后回顾和反省，以获得经验教训
皮克斯：失败画廊	来自失败项目的"遗产"被展示在画廊中，用来庆祝失败和推动试验

（续）

组织和 BEAN 名称	描述
皮克斯：未完成的作品	在团队会议上分享未完成的工作，以激发创造力的管理
皮克斯：笔记日	全身心投入的一天，致力于提高运营效率
Porch：围绕公司	一个每周惯例：讨论试验和讨论试验程序
Porch："火花先生"	一个仪式：进行大胆尝试但以失败告终的员工会自豪地在他们的办公桌上放上一个名叫"火花先生"的毛绒玩具，为期一周
高通：变革	员工驱动的构思仪式，不同群体每两周花 90 分钟讨论值得解决的用户需求
Rite-Solutions：创意共同基金	一个游戏化的创意股票市场和员工投票系统，通过内部投票确定项目优先级并做出投资决策
Spotify：试验周	为期一周的"无界限"黑客马拉松活动，以推动试验和冒险精神
Spotify：失败墙	展示和讨论失败的一个仪式，以获得经验教训、鼓励冒险精神
SWA：文化墙	一面实体墙，上面有人物照片、鼓舞人心的想法、趋势、新闻故事和当前工作项目，让员工想起办公桌和办公室之外的世界
丰田：5 个为什么	通过连续问 5 个"为什么"来找出问题的根本原因的一种仪式
丰田：TCISS	一个名为丰田创意和建议系统（TCISS）的平台，用来收集创意，并通过颁奖典礼来表彰最好的创新想法
丰田：不可能的目标	设定大胆的目标以激励员工并鼓励他们进行思维发散的做法
Twitch：新员工视频	员工入职流程，新员工在全公司范围内的活动中分享关于他们自己的视频
Twitter：每周发布会议	每周的团队会议，使用基于试验的数据来推动决策
Vivint：全尺寸样板房	客户住宅的大型实体复制品，以推动以客户为中心

① 我们也有个例子，但不确定这算不算功夫昵称：一个团队曾经给斯科特一个摇头娃娃，头部放在星球大战电影中尤达（Yoda）的身体上，被称为"Scoda"。

　　您可以在我们的配套网站 www.eatsleepinnovate.com 上查看这 101 个 BEANs 的更完整描述，并下载 BEANs 脑暴卡片。

创业者手册

书号	书名	定价	作者
978-7-111-40530-6	创业者手册：教你如何构建伟大的企业	89.00	（美）史蒂夫·布兰克 鲍勃·多夫
978-7-111-48369-4	我是这样拿到风投的：和创业大师学写商业计划书（原书第2版）	39.00	（美）安德鲁·查克阿拉基斯 史蒂芬·史宾纳利 杰弗里·蒂蒙斯
978-7-111-57234-3	内创业革命	49.00	蔺雷 吴家喜
978-7-111-57613-6	有序创业24步法：创新型创业成功的方法论	79.00	（美）比尔·奥莱特
978-7-111-53706-9	新内容创业：我这样打造爆款IP	39.00	南立新 曲琳
978-7-111-51100-7	硅谷生态圈：创新的雨林法则	45.00	（美）维克多 W. 黄 格雷格·霍洛维茨
978-7-111-55037-2	设计思维玩转创业	49.00	杜绍基
978-7-111-58697-5	如何成为下一个Facebook：从Idea到IPO，认清创业中的机会与陷阱	59.00	（美）汤姆·陶利
978-7-111-55613-8	如何测试商业模式:创业者与管理者在启动精益创业前应该做什么	45.00	（美）约翰·马林斯
978-7-111-57888-8	创业财税口袋书	35.00	孟峰
978-7-111-47422-7	教训：互联网创业必须避免的八大误区	39.00	腾讯科技频道
978-7-111-55231-4	创业园：创业生态系统构建指南	40.00	（美）布拉德·菲尔德
978-7-111-52689-6	创业成功范式：硅谷创业教父的忠告	69.00	（美）史蒂夫·布兰克

互联网+系列丛书

序号	ISBN	书名	作者	定价
1	978-7-111-49033-3	风口：把握产业互联网带来的创业转型新机遇	八八众筹网	45.00
2	978-7-111-49950-3	互联网+：从IT到DT	阿里巴巴研究院	59.00
3	978-7-111-47912-3	跨界：开启互联网与传统行业融合新趋势	腾讯科技频道	39.00
4	978-7-111-51546-3	跨界2：十大行业互联网+转型红利	腾讯科技频道	49.00
5	978-7-111-49869-8	掘金：互联网+时代创业黄金指南	腾讯科技频道	39.00
6	978-7-111-49794-3	工业4.0：正在发生的未来	夏妍娜、赵胜	39.00
7	978-7-111-49795-0	工业互联：互联网+时代的产业转型	许正	39.00
8	978-7-111-50700-0	联动力：传统行业互联网化转型的原动力	杨学成	49.00
9	978-7-111-50925-7	打通：传统企业向互联网+转型的7个关键要素	何伊凡	39.00
10	978-7-111-51742-9	激活个体：互联网时代的组织管理新模式	陈春花	49.00
11	978-7-111-49774-5	互联网+：传统企业的自我颠覆、组织重构、管理进化与互联网转型	王吉斌	59.00
12	978-7-111-49820-9	互联网+兵法	段王爷	59.00
13	978-7-111-49877-3	互联网+：跨界与融合	曹磊、陈灿、郭勤贵、黄璞、卢彦	49.00
14	978-7-111-50112-1	互联网+：产业风口	曹磊	59.00
15	978-7-111-50946-2	互联网+智能家居	陈根	49.00
16	978-7-111-51370-4	互联网+医疗融合	陈根	40.00
17	978-7-111-50988-2	互联网+普惠金融：新金融时代	曹磊	59.00
18	978-7-111-51018-5	无界资本：互联网+时代的资本重生之路	沈亦文	39.00
19	978-7-111-49880-3	O2O实践：互联网+战略落地的O2O方法	叶开	59.00
20	978-7-111-50190-9	互联网+：O2O商业生态破局与重构	蒋德敬	39.00
21	978-7-111-51484-8	裂变式转型：互联网+转型纲领	杨龙	49.00
22	978-7-111-51515-9	互联网+：海外案例	曹磊	59.00
23	978-7-111-51935-5	互联网+农业：助力传统农业转型升级	冯阳松、潘晓（易观）	59.00
24	978-7-111-51513-5	重创新：转型不必推倒重来	王冠雄、刘恒涛	59.00